Mediumnidad y Comunicación Espiritual

Guía del desarrollo psíquico, el chamanismo, el espiritismo, el vudú, la conexión con los guías espirituales, los antepasados, los arcángeles y los ángeles

© Copyright 2024

Todos los derechos reservados. Ninguna parte de este libro puede ser reproducida de ninguna forma sin el permiso escrito del autor. Los revisores pueden citar breves pasajes en las reseñas.

Descargo de responsabilidad: Ninguna parte de esta publicación puede ser reproducida o transmitida de ninguna forma o por ningún medio, mecánico o electrónico, incluyendo fotocopias o grabaciones, o por ningún sistema de almacenamiento y recuperación de información, o transmitida por correo electrónico sin permiso escrito del editor.

Si bien se ha hecho todo lo posible por verificar la información proporcionada en esta publicación, ni el autor ni el editor asumen responsabilidad alguna por los errores, omisiones o interpretaciones contrarias al tema aquí tratado.

Este libro es solo para fines de entretenimiento. Las opiniones expresadas son únicamente las del autor y no deben tomarse como instrucciones u órdenes de expertos. El lector es responsable de sus propias acciones.

La adhesión a todas las leyes y regulaciones aplicables, incluyendo las leyes internacionales, federales, estatales y locales que rigen la concesión de licencias profesionales, las prácticas comerciales, la publicidad y todos los demás aspectos de la realización de negocios en los EE. UU., Canadá, Reino Unido o cualquier otra jurisdicción es responsabilidad exclusiva del comprador o del lector.

Ni el autor ni el editor asumen responsabilidad alguna en nombre del comprador o lector de estos materiales. Cualquier desaire percibido de cualquier individuo u organización es puramente involuntario.

Su regalo gratuito

¡Gracias por descargar este libro! Si desea aprender más acerca de varios temas de espiritualidad, entonces únase a la comunidad de Mari Silva y obtenga el MP3 de meditación guiada para despertar su tercer ojo. Este MP3 de meditación guiada está diseñado para abrir y fortalecer el tercer ojo para que pueda experimentar un estado superior de conciencia.

https://livetolearn.lpages.co/mari-silva-third-eye-meditation-mp3-spanish/

¡O escanee el código QR!

Tabla de Contenidos

PRIMERA PARTE: MEDIUMNIDAD PARA PRINCIPIANTES 1
- INTRODUCCIÓN 2
- CAPÍTULO 1: LA VÍA DEL MÉDIUM 4
- CAPÍTULO 2: SU CUERPO ASTRAL Y EL MUNDO DE LOS ESPÍRITUS 14
- CAPÍTULO 3: TOMA DE TIERRA Y PREPARACIÓN 24
- CAPÍTULO 4: CÓMO RECONOCER LA ENERGÍA 33
- CAPÍTULO 5: DESARROLLAR LA CLARIVIDENCIA Y OTROS CLARINES 42
- CAPÍTULO 6: CANALIZACIÓN DE ESPÍRITUS 101 52
- CAPÍTULO 7: CANALICE A SUS GUÍAS ESPIRITUALES 62
- CAPÍTULO 8: LIMPIEZA Y PROTECCIÓN DE SÍ MISMO 71
- CAPÍTULO 9: EL PODER DE LA ADIVINACIÓN 80
- CAPÍTULO 10: MÉTODOS AVANZADOS DE COMUNICACIÓN CON EL MUNDO DE LOS ESPÍRITUS 89
- CONCLUSIÓN 97

SEGUNDA PARTE: COMUNICACIÓN CON ESPÍRITUS 99
- INTRODUCCIÓN 100
- CAPÍTULO 1: ¿PODEMOS REALMENTE COMUNICARNOS CON LOS ESPÍRITUS? 102
- CAPÍTULO 2: CÓMO APROVECHAR SUS HABILIDADES PSÍQUICAS 113
- CAPÍTULO 3: PREPARACIÓN PARA EL TRABAJO ESPIRITUAL 125
- CAPÍTULO 4: CANALIZAR A LOS ESPÍRITUS 132

CAPÍTULO 5: HERRAMIENTAS ESPIRITUALES Y CÓMO USARLAS....141
CAPÍTULO 6: TRABAJAR CON ANCESTROS Y SERES QUERIDOS FALLECIDOS 148
CAPÍTULO 7: CONECTE CON SUS GUÍAS ESPIRITUALES....................156
CAPÍTULO 8: CONTACTAR A LOS ÁNGELES 162
CAPÍTULO 9: CÓMO LLEGAR A LOS ARCÁNGELES..............................169
CAPÍTULO 10: MÉTODOS DE LIMPIEZA Y DEFENSA............................177
CONCLUSIÓN 188
VEA MÁS LIBROS ESCRITOS POR MARI SILVA 190
SU REGALO GRATUITO 191
REFERENCIAS..192

Primera Parte: Mediumnidad para principiantes

Una guía esencial para el desarrollo psíquico, la clarividencia, la adivinación y la canalización en el chamanismo, el espiritismo y el vudú

Introducción

¿Desea desarrollar sus habilidades como médium? ¿Siente curiosidad por el mundo de los espíritus y por cómo puede comunicarse con ellos? Si es así, esta guía le enseñará todo lo que necesita saber sobre la comunicación con el mundo de los espíritus.

Desarrollar sus habilidades como médium puede ser una experiencia gratificante y que le cambiará la vida. También puede ser un poco desalentador, sobre todo si acaba de empezar. Esta guía le facilitará la entrada en el mundo de la mediumnidad y le proporcionará toda la información y los recursos que necesita para empezar. En primer lugar, debe comprender que todo el mundo puede comunicarse con los espíritus. Todos nacimos con esta capacidad, pero para muchos de nosotros está latente. La buena noticia es que puede despertarse. Hay muchas formas diferentes de desarrollar sus habilidades de médium. Mientras que algunas personas pueden comunicarse con los espíritus sin esfuerzo, otras deben esforzarse más para desarrollar esta habilidad innata.

Una de las mejores formas de desarrollar sus habilidades de mediumnidad es encontrar un mentor. Un mentor es alguien que ya ha desarrollado sus habilidades de mediumnidad y que puede ayudarle a guiarle en su viaje. Un buen mentor podrá enseñarle cómo conectarse a tierra y protegerse, cómo reconocer la energía y cómo desarrollar sus clarividencias. Otra forma estupenda de desarrollar sus habilidades como médium es estudiar. Hay muchos libros y recursos disponibles sobre el tema de la mediumnidad. Leer sobre diferentes técnicas y métodos le ayudará a desarrollar aun más sus habilidades. Muchos cursos en línea pueden enseñarle sobre la mediumnidad.

En "Mediumnidad para principiantes", aprenderá sobre los diferentes tipos de mediumnidad, cómo desarrollar sus habilidades como médium y cómo comunicarse con los espíritus. La primera sección de esta guía le presentará los aspectos básicos de la mediumnidad, incluyendo qué es y cómo funciona. También hablaremos de las diferentes formas de desarrollar sus habilidades como médium. En la segunda sección, exploraremos el mundo de los espíritus y le enseñaremos a comunicarse con ellos. También descubrirá cómo protegerse de la energía negativa y cómo limpiar y proteger su espacio. Por último, trataremos temas avanzados, como la adivinación y la canalización.

Para ayudarle a comenzar su viaje, hemos incluido capítulos que cubren los aspectos básicos de la mediumnidad, incluyendo cómo reconocer la energía, desarrollar sus clarividencias y escudriñar. También hemos incluido un capítulo sobre métodos avanzados de comunicación con los espíritus. Esperamos que disfrute de esta guía y que le ayude a desarrollar sus habilidades como médium. Tanto si acaba de iniciar su andadura como médium como si desea repasar sus habilidades, esta guía informativa le proporcionará todo lo que necesita saber sobre la comunicación con el mundo de los espíritus. Así que, ¡empecemos!

Capítulo 1: La vía del médium

¿Alguna vez se ha preguntado si es posible o no comunicarse con los muertos? Si es así, no está solo. A lo largo de la historia, el hombre ha intentado contactar con el mundo de los espíritus de diversas formas. Esta práctica se conoce como mediumnidad. Esta puede definirse como la capacidad de comunicarse con los muertos o los espíritus. Los médiums tienen esta capacidad y la utilizan para transmitir mensajes del mundo de los espíritus a los vivos.

La mediumnidad es la capacidad de comunicarse con los espíritus
https://www.pexels.com/photo/assorted-tarot-cards-on-table-3088369/

La mediumnidad ha existido desde los albores de los tiempos y ha adoptado muchas formas diferentes. En los primeros tiempos, la mediumnidad se asociaba a menudo con el chamanismo y la brujería. Sin embargo, con el paso del tiempo, comenzó a adoptar un enfoque más espiritualista. Este capítulo explorará la historia de la mediumnidad y los diferentes tipos que existen en la actualidad. También le presentará a algunos médiums auténticos que trabajan en el mundo moderno.

¿Qué es la mediumnidad?

La mediumnidad es la capacidad de comunicarse con los espíritus. Esto puede hacerse de varias maneras, incluso a través de medios auditivos o visuales. Todas las personas nacen con la capacidad natural de conectar con los muertos, mientras que algunas pueden necesitar desarrollar sus habilidades a través de la práctica y el estudio. Los médiums suelen utilizar sus habilidades para proporcionar consuelo y cierre a aquellos que han perdido a sus seres queridos. También pueden ser capaces de ofrecer una visión del futuro u orientación sobre decisiones importantes de la vida. Aunque algunas personas se muestran escépticas ante la mediumnidad, muchas creen que es un don real y valioso.

Por definición, un médium actúa como intermediario entre los vivos y los muertos. Los médiums pueden tender puentes entre nuestro mundo y el de los espíritus. Utilizan sus habilidades para comunicarse con los espíritus y transmitir mensajes a los vivos. Los médiums también pueden ser capaces de ver el futuro u ofrecer orientación sobre decisiones importantes de la vida. Con su ayuda, podemos conectar con nuestros seres queridos que han fallecido y recibir un cierre o consuelo.

Habilidades de un médium

La comunicación con los muertos se ha practicado desde la antigüedad. Para convertirse en médium, primero debe conocer las diferentes habilidades que se requieren para el trabajo. Una de las habilidades más esenciales es la de la clarividencia o visión clara. Esto permite a la médium ver más allá del mundo físico y dentro del reino de los espíritus. Otra habilidad es la clariaudiencia o audición clara. Esto permite al médium escuchar mensajes del otro lado que normalmente no son audibles para el oído humano. Además, los médiums suelen tener un fuerte sentido de la empatía, que les permite sentir las emociones de aquellos que han fallecido. Perfeccionando estas habilidades, cualquiera puede convertirse en médium y ayudar a conectar con los que han fallecido.

La mediumnidad ahora y en el pasado

En el pasado, los médiums solían trabajar como parte de una iglesia espiritista, celebrando sesiones de espiritismo y realizando lecturas para el público. Sin embargo, el uso de la mediumnidad comenzó a decaer a principios del siglo XX, a medida que la gente se volvía más escéptica con respecto a esta práctica. En los últimos años, sin embargo, la mediumnidad se considera más a menudo una práctica personal. Mucha gente utiliza la mediumnidad para conectar con seres queridos que han fallecido, y algunos incluso la utilizan para comunicarse con animales u otros seres. A medida que nuestro mundo se abra más a diferentes sistemas de creencias espirituales, es probable que la mediumnidad siga creciendo en popularidad. ¿Quién sabe qué tipo de conexiones asombrosas haremos en el futuro?

Historia

La mediumnidad es un tema que ha fascinado a la gente durante siglos. El inicio de la mediumnidad está rodeada de misterio, pero existen algunas teorías interesantes sobre sus orígenes. Una teoría sugiere que la mediumnidad se desarrolló como una forma de contactar con el mundo de los espíritus y obtener guía y sabiduría del más allá. Otros creen que es una habilidad humana natural que diversas culturas han aprovechado a lo largo de la historia. Independientemente de sus orígenes, la mediumnidad ha desempeñado un papel esencial en muchas culturas y sigue haciéndolo hoy en día. Gracias a la moderna tecnología de la comunicación, ahora cualquiera puede experimentar sus maravillas conectando con un médium psíquico de confianza.

Espiritismo

Durante el siglo XIX, el espiritismo se hizo popular en Estados Unidos y Europa. En su esencia, el espiritismo cree en la capacidad de comunicarse con los muertos, y muchas personas recurrieron a los médiums para recibir mensajes de seres queridos que habían fallecido. Además de proporcionar consuelo y cierre a las personas en duelo, el espiritismo también desempeñó un papel importante en el desarrollo de la mediumnidad.

A través de su trabajo con los espíritus, los médiums empezaron a desarrollar habilidades psíquicas elevadas, que luego utilizaban para ayudar a otros a conectar con el otro lado. A medida que la mediumnidad fue ganando aceptación, se convirtió en una forma legítima de comunicación, allanando el camino para futuras investigaciones psíquicas. Hoy en día, el espiritismo sigue siendo practicado por millones de personas en todo el mundo, y su impacto en la religión y la investigación psíquica aun puede sentirse.

Chamanismo

El chamanismo es un tipo de práctica espiritual basada en la creencia de que todo en el universo está conectado. Los chamanes son guías espirituales que curan a individuos y comunidades conectando con el mundo de los espíritus. Para ello, primero deben entrar en un estado de trance que les permite viajar a diferentes planos de existencia. Una vez que han establecido contacto con los espíritus, pueden transmitir mensajes y consejos que pueden ayudar a sanar a quienes lo necesiten.

El chamanismo es una práctica antigua que han utilizado las culturas indígenas de todo el mundo. Sin embargo, solo en los últimos años el chamanismo ha empezado a entrar en la corriente dominante. A medida que más personas se interesan por formas alternativas de curación, es probable que el chamanismo siga creciendo en popularidad. Si busca una conexión más profunda con el mundo espiritual, el chamanismo puede ser el camino para usted.

Vudú

El vudú es una religión originaria de Haití, pero desde entonces se ha extendido a otras partes del mundo, incluido Estados Unidos. Se basa en la creencia de que existe un mundo espiritual que puede interactuar con el nuestro. Los practicantes del vudú trabajan con estos espíritus, o loas, para lograr cambios positivos en sus vidas. También pueden recurrir a los espíritus en busca de guía y protección.

El vudú se asocia a menudo con la magia negra y oscura, pero esto no es realista. Es una religión que debe respetarse, como cualquier otra. Si está interesado en aprender más, hay muchos recursos disponibles. Solo recuerde acercarse a ella con una mente abierta y una actitud respetuosa. El vudú siempre ha sido un tema controvertido. Algunos dicen que es el lado oscuro de la mediumnidad, mientras que otros afirman que es simplemente otra forma de conectar con el mundo de los espíritus.

Tiempos modernos

Hoy en día, cualquiera puede experimentar la maravilla de la mediumnidad conectando con un médium psíquico de confianza. Hay muchas formas diferentes de hacerlo, incluyendo salas de chat en línea, lecturas telefónicas y sesiones en persona. No importa cómo elija conectarse, puede estar seguro de que recibirá información precisa y útil de su médium.

Si está interesado en conectar con un ser querido que ha fallecido o simplemente quiere entrar en contacto con su espiritualidad, la mediumnidad es una forma estupenda de hacerlo. Con la ayuda de un médium psíquico, puede explorar las profundidades de su alma y descubrir respuestas a las preguntas que han estado pesando en su mente.

Los diferentes tipos de mediumnidad

Existen diferentes tipos de mediumnidad, cada uno con su conjunto de habilidades único. Algunos médiums pueden ver y hablar con fantasmas, mientras que otros solo pueden comunicarse con ellos a través de la psicometría, que es la capacidad de leer objetos tocados por los difuntos. Otros médiums pueden canalizar a los muertos, permitiendo que los fantasmas posean sus cuerpos para hablar a través de ellos. Por último, algunos médiums pueden proyectarse astralmente, abandonando sus cuerpos y viajando al mundo de los espíritus. Cada tipo de mediumnidad tiene sus puntos fuertes y débiles, y depende de cada médium decidir qué tipo de comunicación es mejor para él.

1. La mediumnidad física

La mediumnidad física es una de las formas de mediumnidad más fascinantes y controvertidas. Los médiums físicos pueden materializar "seres espirituales" y producir otros fenómenos físicos, como la levitación y el teletransporte. Este tipo de actividad se asocia a menudo con las sesiones espiritistas y el espiritismo, y ha sido objeto de un intenso escrutinio científico. Algunos médiums físicos han sido expuestos como fraudes, mientras que otros han sido validados científicamente. Tanto si cree en lo paranormal como si no, la mediumnidad física sigue siendo uno de los fenómenos más intrigantes del mundo.

2. La mediumnidad mental

La mediumnidad mental es una capacidad psíquica en la que el médium recibe telepáticamente información del mundo de los espíritus. En otras palabras, el médium no utiliza ningún sentido físico para recibir la comunicación de los espíritus. En su lugar, la información se transmite a través de pensamientos y sentimientos. La mediumnidad mental es una habilidad relativamente rara, pero puede ser beneficiosa para la comunicación con los espíritus.

Uno de los beneficios de la mediumnidad mental es que permite al espíritu comunicarse directamente con el médium sin tener que utilizar un intermediario. Esto puede proporcionar una forma de comunicación más directa y personal que otros métodos, como utilizar una tabla ouija o hablar con un médium. Además, la mediumnidad mental no está limitada por la distancia como otras formas de comunicación. El médium puede recibir información de cualquier parte del mundo, independientemente de lo lejos que se encuentre. La mediumnidad mental es una herramienta poderosa para cualquier persona interesada en comunicarse con el mundo de los espíritus.

3. La mediumnidad espiritista

Los médiums espiritistas son excepcionalmente hábiles para conectar con los espíritus de aquellos que han fallecido. Esta habilidad les permite proporcionar consuelo y cierre a los afligidos mediante la entrega de mensajes de sus seres queridos que han cruzado al otro lado. La mediumnidad también puede utilizarse para comunicarse con los antepasados u otros guías que pueden ofrecer sabiduría y orientación. Aunque algunas personas se muestren escépticas, un creciente número de pruebas sugiere que se trata de un fenómeno real y poderoso.

4. La mediumnidad en trance

La mediumnidad en trance es un tipo de mediumnidad en la que el médium entra en un estado de trance para entrar en comunión con el mundo de los espíritus. El estado de trance se caracteriza por un estado alterado de conciencia, durante el cual el médium se vuelve inconsciente de su entorno y, en su lugar, se centra por completo en la comunicación con los espíritus.

Mientras está en trance, el médium puede mostrar comportamientos extraños, como hablar en lenguas o experimentar convulsiones. Sin embargo, estos comportamientos no se consideran bajo el control del médium. En su lugar, se consideran una manifestación de la presencia del espíritu. La mediumnidad en trance se considera una de las formas más potentes y auténticas, ya que permite una conexión directa con el mundo de los espíritus.

5. Canalización

La canalización es uno de los métodos de mediumnidad más conocidos, y consiste en recibir mensajes de guías espirituales u otros seres no físicos. El canalizador entra en un estado de trance y la entidad habla a través de él, utilizando sus cuerdas vocales para comunicarse.

Muchas personas que canalizan dicen sentir que están canalizando energía en lugar de palabras reales, y la experiencia puede ser a la vez poderosa y transformadora. La canalización puede utilizarse como guía, curación o simplemente para recibir mensajes de seres queridos que han fallecido. Aunque convertirse en canalizador no siempre es fácil, cualquiera puede aprender a hacerlo con práctica y paciencia.

6. Escritura automática

La escritura automática es un tipo de canalización en la que el médium entra en un estado de trance y permite que los espíritus le dicten mensajes a través de la mano. Esto puede hacerse con un bolígrafo y papel o incluso utilizando un teclado. Muchas personas que practican la escritura automática afirman que pueden recibir mensajes claros y concisos del otro lado, lo que puede reconfortar a los dolientes. La escritura automática también puede utilizarse con fines adivinatorios, ya que los mensajes recibidos pueden ofrecer una visión de los acontecimientos futuros.

Aunque cualquiera puede probar suerte con la escritura automática, se dice que quienes están dotados por naturaleza para la canalización tienen más probabilidades de éxito. Supongamos que está interesado en intentarlo. En ese caso, la mejor forma de empezar es sentarse en un lugar tranquilo con un bolígrafo y papel (o su ordenador portátil) y simplemente dejar que su mano se mueva por la página o sus dedos por el teclado. Puede que le lleve algo de práctica coger el ritmo, pero con el tiempo, debería ser capaz de recibir mensajes de sus seres queridos fallecidos.

7. Voz directa

Un tipo de mediumnidad es la llamada voz directa. Un médium de voz directa canaliza la voz de un ser querido fallecido, ya sea en persona o por teléfono. El ejemplo más famoso de médium de voz directa es Doris Stokes, que hablaba con los muertos a través de su programa de televisión en los años setenta y ochenta. La gente llamaba y ella les transmitía mensajes de sus familiares fallecidos.

A veces, las voces hablaban a través de ella directamente, y otras veces lo hacían a través de un espíritu incorpóreo que ella veía en la sala. La mediumnidad de voz directa se considera una de las formas más precisas de mediumnidad porque elimina cualquier posibilidad de fraude. Si una médium está canalizando realmente la voz de un ser querido fallecido, no hay forma de que pueda fingirla.

8. ITC

Un tipo de mediumnidad menos conocido se conoce como ITC o transcomunicación instrumental. Se refiere a la comunicación entre nuestro mundo y otros reinos a través de la tecnología. Los médiums ITC utilizan herramientas como radios, ordenadores e incluso televisores para recibir mensajes del más allá. Aunque muchas personas se muestran escépticas ante este tipo de mediumnidad, algunos casos bien documentados sugieren que es real. Por ejemplo, en la década de 1970, un equipo de investigadores de Suiza grabó voces de los muertos utilizando un magnetófono. En años más recientes, los médiums ITC han utilizado teléfonos móviles y medios sociales para comunicarse con el otro lado. Tanto si cree en las TIC como si no, se trata de un fenómeno apasionante que merece la pena explorar.

9. Fenómeno de voz electrónica

El fenómeno de la voz electrónica, o EVP, es un tipo de mediumnidad que implica la comunicación desde el más allá a través de dispositivos electrónicos. Esto puede incluir radios, televisores, contestadores automáticos e incluso teléfonos móviles. Las voces que se escuchan durante el EVP suelen ser débiles y difíciles de entender, pero en ocasiones pueden ser claras y distintas. Mucha gente cree que la PVE es una forma que tienen los muertos de llegar a los vivos. Existen innumerables historias de personas que han recibido mensajes de seres queridos ya fallecidos. Aunque no hay pruebas científicas que respalden esta afirmación, la PVE sigue siendo un fenómeno popular, con miles de personas en todo el mundo que informan de experiencias con ella.

10. La mediumnidad evidencial

La mediumnidad evidencial es un tipo de mediumnidad que se centra en proporcionar pruebas de vida después de la muerte. Durante una lectura de mediumnidad evidencial, el médium intentará proporcionar información específica sobre el espíritu que se comunica, como su nombre, su relación con la persona sentada y lo que quiere decir. El objetivo de la mediumnidad evidencial es proporcionar consuelo y cierre a la persona sentada demostrando que existe vida después de la muerte. Si busca un médium especializado en este tipo de lectura, pregunte por sus credenciales y experiencia.

Médiums reales en nuestro mundo moderno

Mucha gente hoy en día está interesada en encontrar un médium auténtico, especialmente en el mundo moderno, donde hay tanto escepticismo sobre cualquier cosa que caiga fuera del ámbito de la ciencia. Algunos utilizan cartas del Tarot o bolas de cristal, mientras que otros simplemente entran en trance y permiten que los espíritus hablen a través de ellos. Algunos afirman ser capaces de canalizar mensajes de los muertos, lo que significa que pueden recibir mensajes de ultratumba.

Aunque puede resultar difícil saber si una médium está realmente dotada o no, hay ciertos signos que debe buscar. Por lo general, un buen médium tendrá algún tipo de información sobre la persona con la que se comunica que no podría haber conocido de otro modo. También deberían ser capaces de proporcionar detalles específicos sobre el fallecido, que otros puedan verificar. Si cree que puede haber encontrado una médium de verdad, siempre es mejor obtener una segunda opinión de alguien con experiencia en este campo.

Pruebas científicas

En los últimos años, ha aumentado el número de personas que afirman poder contactar con los muertos, y existen pruebas científicas de que esto es realmente posible. Un estudio realizado por la Universidad de Arizona demostró que las personas que hablaban con una médium podían describir con precisión detalles sobre sus seres queridos fallecidos, incluso cuando no tenían conocimiento previo de esos detalles. Este estudio proporciona pruebas contundentes de la existencia de los médiums y de su capacidad para comunicarse con el otro lado.

Hoy en día, existe mucho escepticismo en torno a la idea de los médiums. Sin embargo, también hay pruebas científicas de que existen y pueden comunicarse con los muertos. Esta prueba debería bastar para convencer incluso a la persona más escéptica de que los médiums son auténticos y de que pueden proporcionarnos información valiosa sobre nuestros seres queridos que han fallecido.

La mediumnidad es una práctica centenaria que ha sido utilizada por personas de todo el mundo para comunicarse con sus seres queridos perdidos. Existen muchos tipos diferentes de mediumnidad, y cada uno tiene su forma única de proporcionar pruebas de la vida después de la muerte. Aunque todavía hay mucho escepticismo en torno a este tema, la creciente cantidad de pruebas científicas de que los médiums son reales debería bastar para convencer incluso a la persona más escéptica.

Con la ayuda de una médium real, podemos obtener un cierre y consuelo al recibir mensajes de nuestros seres queridos que han fallecido. Se trata de una experiencia inestimable que puede ayudarnos a sanar tras la pérdida de un ser querido. Si está interesado en encontrar una médium real, pregunte por sus credenciales y experiencia. Con la ayuda de un médium dotado, puede obtener el cierre y la paz mental que necesita.

Capítulo 2: Su cuerpo astral y el mundo de los espíritus

Si usted es como la mayoría de la gente, probablemente se haya preguntado qué nos ocurre después de morir. ¿En qué se convierte nuestro espíritu? ¿Existe una vida después de la muerte? Y si es así, ¿cómo es? Estas son algunas de las preguntas que los médiums tratan de responder. La mediumnidad es la práctica de comunicarse con los espíritus de aquellos que han fallecido. Para ello, los médiums deben comprender primero qué es el espíritu y cómo es la vida después de la muerte.

El cuerpo sutil es un campo de energía que rodea e impregna el cuerpo físico
https://www.pexels.com/photo/white-moon-on-hands-3278643/

Según muchos sistemas de creencias, el espíritu es una parte inmortal de cada uno de nosotros que sigue viviendo después de que muera el cuerpo físico. La otra vida se ve a menudo como un lugar donde podemos reunirnos con nuestros seres queridos y disfrutar de la felicidad eterna. Aunque es mucho lo que aun desconocemos sobre la vida después de la muerte, los médiums pueden proporcionarnos valiosos conocimientos sobre este misterio a través de su capacidad única para comunicarse con los espíritus de quienes nos han precedido.

Este capítulo explorará la naturaleza del espíritu y la vida después de la muerte según la mediumnidad. Comenzaremos examinando el cuerpo sutil, que a menudo se considera la sede del alma. Después exploraremos el cuerpo astral, que se cree que es el vehículo que transporta nuestro espíritu después de la muerte. A continuación, examinaremos cómo perciben el alma los distintos sistemas de creencias. Por último, examinaremos más de cerca la vida después de la muerte y cómo los médiums pueden ayudarnos a comprender este misterio.

El cuerpo sutil

La mayoría de la gente está familiarizada con el cuerpo físico, pero son menos los que conocen el cuerpo sutil. El cuerpo sutil es un campo de energía que rodea e impregna el cuerpo físico. Está formado por los nadis, o canales de energía, a través de los cuales fluye el prana, o fuerza vital. El cuerpo sutil también contiene los chakras, o centros de energía, por los que circula el prana.

El cuerpo sutil se considera a menudo la sede del alma. Es un cuerpo no físico que se cree que penetra y se extiende más allá del cuerpo físico. El cuerpo sutil está compuesto por los cuerpos etérico, emocional, mental y astral. Se cree que estos cuerpos interactúan constantemente entre sí y con el cuerpo físico.

El cuerpo etérico es el más denso de los cuerpos sutiles y está más cerca del cuerpo físico; es el responsable de nuestra salud física y vitalidad. El cuerpo emocional está compuesto por nuestros sentimientos y emociones; está en constante flujo, cambiando a medida que cambian nuestras emociones. El cuerpo mental está compuesto por nuestros pensamientos y creencias; es el puente entre los cuerpos físico y astral.

La mediumnidad es la capacidad de percibir y trabajar con el cuerpo sutil. Las personas sensibles pueden ver el aura, o campo energético, que rodea a otra persona. También pueden sentir el flujo de prana en los nadis y los chakras. Al alinear sus energías con las de otra persona, pueden crear un puente entre los cuerpos físico y sutil. Esto les permite percibir y transmitir mensajes de un nivel de conciencia a otro. Los médiums también pueden utilizar sus habilidades para sanar desequilibrios en el cuerpo sutil. Al eliminar los bloqueos y restablecer el flujo de prana, pueden promover el bienestar físico, emocional y espiritual.

El cuerpo astral

Según la creencia de la mediumnidad, el alma abandona el cuerpo físico y entra en un cuerpo astral cuando las personas mueren. Este cuerpo astral está formado por energía sutil que vibra a una frecuencia más alta que el mundo físico. Con este cuerpo astral, podemos viajar a diferentes reinos y dimensiones. También existen diferentes niveles de vibración dentro del mundo astral, lo que puede explicar las diferentes experiencias de las personas mientras se encuentran en este estado. Por ejemplo, algunas personas solo pueden ver colores, mientras que otras pueden ver paisajes detallados.

El cuerpo astral es el más ligero y etéreo de los cuerpos sutiles. Se cree que es nuestro cuerpo espiritual y el vehículo que transporta nuestro espíritu después de la muerte. En algunos sistemas de creencias, el cuerpo astral también se conoce como el cuerpo del alma. Cuando morimos, el cuerpo astral deja atrás el cuerpo físico y entra en la otra vida. El cuerpo astral suele verse como un reflejo de nuestro verdadero yo. Es la parte de nosotros que es eterna e inmutable independientemente del nivel de vibración; se dice que el mundo astral es un lugar de paz y amor. También se cree que podemos comunicarnos con nuestros seres queridos que han pasado al mundo astral. Así que la próxima vez que se pregunte qué ocurre después de morir, recuerde que quizá estemos entrando en otro reino en el que podemos explorar y descubrir más sobre nosotros mismos y el universo que nos rodea.

La conexión entre el cuerpo astral y el espíritu

Nuestro cuerpo astral es nuestro cuerpo etéreo; es el vehículo de nuestra alma y alberga nuestra conciencia. El cuerpo astral está conectado al cuerpo físico por un cordón de plata. Este cordón nos permite regresar a nuestro cuerpo físico después de morir. El cuerpo astral también puede viajar fuera del cuerpo físico durante el sueño o en una experiencia extracorpórea. Algunas personas creen que el cuerpo astral es nuestro verdadero yo y que el cuerpo físico es solo una cáscara.

Nuestro cuerpo astral contiene nuestros recuerdos, pensamientos y sentimientos. Está formado por nuestra energía espiritual. La dimensión astral es una vibración más elevada que la dimensión física. Nuestro cuerpo astral vibra a una frecuencia más alta que nuestro cuerpo físico. Por eso podemos viajar a diferentes planos de existencia e interactuar con otros seres en estos planos. Nuestro espíritu es la parte de nosotros que es eterna. Es lo que somos. Nuestro espíritu habita en nuestro cuerpo astral. Es lo que permanece después de que morimos y nuestros cuerpos físicos se degradan de nuevo en la tierra. Nuestro espíritu sigue viviendo en el reino espiritual.

Cómo ven el alma las distintas prácticas

Aunque el alma es un concepto difícil de definir, es un principio central de muchas tradiciones religiosas y espirituales. Para algunos, el alma es una esencia inmortal que trasciende el cuerpo físico, mientras que otros creen que está íntimamente ligada a nuestra existencia material. Esto varía de una tradición a otra y hay muchas formas diferentes de entender el alma.

En el cristianismo, el alma suele considerarse inmortal y separada del cuerpo. Esto significa que cuando alguien muere, su alma va al cielo o al infierno, dependiendo de si ha sido bueno o malo durante su vida. Por el contrario, algunas filosofías orientales consideran que el alma está íntimamente relacionada con el cuerpo.

Budismo: El alma está interconectada con todas las cosas

El budismo cree que renacemos después de la muerte en cuerpos diferentes y que nuestra conciencia crece y se desarrolla con el tiempo. En esta tradición, el alma no se considera separada del cuerpo, sino en constante cambio y evolución. Como puede ver, existen muchas formas distintas de entender el alma, y estas creencias diferentes pueden dar lugar a prácticas muy distintas.

Hinduismo: El alma es inmanente

En el hinduismo, el alma se considera inmanente, lo que significa que está íntimamente ligada al cuerpo físico. Esto no significa que el alma sea lo mismo que el cuerpo, sino que forma parte de él. El alma se considera una parte esencial de nuestro ser; sin ella, no podríamos funcionar.

Se cree que el alma renace en diferentes cuerpos después de la muerte. Este ciclo de nacimiento y muerte se conoce como samsara. El hinduismo cree que el alma está atrapada en el samsara debido a sus deseos y apegos. La única forma de liberarse de este ciclo es alcanzar la liberación o moksha. Moksha es un estado de completa libertad del ciclo del nacimiento y la muerte.

Espiritismo

Para los espiritualistas, el alma es la parte inmaterial del ser humano que sobrevive después de la muerte. Esta creencia se basa en la idea de que la vida es algo más que un cuerpo físico y en la creencia de que todos estamos conectados a un poder superior. Aunque las pruebas científicas no pueden confirmar la existencia del alma, muchas personas encuentran consuelo en la idea de que sus seres queridos siguen con ellos de algún modo después de haber fallecido.

Para los espiritistas, el alma no está ligada a ninguna religión o sistema de creencias en particular. En su lugar, es una fuerza universal que conecta a todos los seres vivos. Esto significa que todo el mundo tiene el potencial de conectar con el alma, independientemente de sus creencias. El alma se considera una fuente de sabiduría y guía, que nos proporciona un camino a seguir en la vida. En última instancia, los espiritualistas creen que el alma es lo que nos hace verdaderamente humanos y que es nuestra conexión con lo divino.

Chamanismo

El chamanismo es una antigua práctica espiritual que han practicado durante siglos las culturas indígenas de todo el mundo. En su esencia, el chamanismo es una forma de conectar con la naturaleza y el mundo espiritual para promover la curación y el equilibrio. Los chamanes creen que todo en el universo está conectado y que los desequilibrios en el mundo natural pueden provocar enfermedades y desarmonía. Una de las formas en que los chamanes tratan de restablecer el equilibrio es trabajando con el alma.

Según la creencia chamánica, el alma consta de tres partes: el alma superior, el alma inferior y el alma media. El alma superior es responsable de nuestra conexión espiritual con lo divino, mientras que el alma inferior es responsable de nuestras necesidades y deseos físicos. El alma media actúa como puente entre las dos, ayudándonos a encontrar la armonía y el equilibrio en nuestras vidas. Los chamanes creen que cuando una de estas partes del alma se desconecta o desequilibra, puede provocar problemas físicos o psicológicos. Al trabajar con el alma, los chamanes pueden ayudar a restablecer el equilibrio y la armonía, promoviendo el bienestar a todos los niveles.

Vudú

En muchas culturas, el alma se considera una entidad etérea que existe más allá del cuerpo físico. Para los practicantes de vudú, sin embargo, el alma es una fuerza muy real y tangible. Para ellos, el alma no es solo una esencia espiritual, sino también física. Esta creencia se basa en la idea de que el alma está compuesta por dos partes: el ti bon ange y el gros bon ange.

El ti bon ange es el "pequeño ángel bueno" que reside en el interior de cada persona. Es responsable de nuestros pensamientos y emociones, y es lo que nos da nuestra individualidad. El gros bon ange, por otro lado, es el "gran ángel bueno" que reside en el mundo espiritual. Es responsable de nuestro destino, y es lo que nos permite conectar con lo divino. Juntas, estas dos partes del alma conforman todo nuestro ser.

Vida después de la muerte

El concepto de una vida después de la muerte ha sido un tema de discusión y debate durante siglos. Algunas personas creen que hay vida después de la muerte, mientras que otras sostienen que la muerte es el final. No hay pruebas claras en ninguno de los dos sentidos, y en gran medida se reduce a la creencia personal. Muchas religiones tienen sus propias creencias sobre lo que ocurre después de la muerte. Los cristianos creen en el cielo y el infierno, mientras que los budistas creen en la reencarnación. No hay una respuesta correcta o incorrecta, que en última instancia se reduce a las creencias de cada individuo. Al fin y al cabo, todos tenemos que morir en algún momento, así que tiene sentido pensar en lo que ocurre después. Independientemente de lo que cada uno crea, el concepto de una vida después de la muerte seguirá siendo una fuente de fascinación durante siglos.

¿Qué es la vida después de la muerte?

La idea de una vida después de la muerte ha sido una fuente de consuelo y esperanza para la gente a lo largo de la historia. En muchas culturas, la creencia en alguna forma de vida después de la muerte ocupa un lugar central en las enseñanzas religiosas. Para quienes se adhieren a estas creencias, el más allá suele verse como un lugar de recompensa o castigo, en función de sus acciones durante esta vida. Aunque los detalles pueden diferir, la idea general es que el alma sobrevive a la muerte del cuerpo y pasa a otro reino.

El aspecto de ese reino es objeto de especulación, pero a menudo se describe como un entorno paradisíaco o infernal. Algunos creen que existe la reencarnación, mientras que otros sostienen que simplemente hay un final de la conciencia. Sea cual sea el caso, la creencia en una vida después de la muerte proporciona consuelo a muchos ante la muerte.

¿Qué les ocurre a los espíritus cuando morimos?

Existen muchas creencias diferentes sobre lo que les ocurre a los espíritus cuando morimos, pero en lo único que todos pueden estar de acuerdo es en que la muerte es un misterio. Algunos creen que los espíritus van a un lugar tranquilo donde pueden descansar y velar por sus seres queridos. Otros creen que los espíritus se reencarnan y vuelven como personas o animales diferentes. Y aun, otros creen que los espíritus simplemente dejan de existir después de la muerte. Aunque quizá nunca sepamos con certeza qué les ocurre a los espíritus cuando morimos, es reconfortante saber que existen muchas creencias diferentes sobre la vida después de la muerte. Sean cuales sean sus creencias, recuerde que la muerte es una parte natural de la vida y no hay por qué tenerle miedo. Por el contrario, acéptala como parte del ciclo de la vida y la muerte.

La vida después de la muerte en el espiritismo

Los espiritistas creen que el alma sigue viva tras la muerte del cuerpo físico y que es posible la comunicación con los muertos. Los defensores de este sistema de creencias suelen celebrar sesiones de espiritismo o utilizar otras formas de adivinación para conectar con los seres queridos fallecidos. Aunque algunos pueden considerar el espiritismo como una forma de estafar a personas desprevenidas, muchos creen que es una forma legítima de conectar con el otro lado. Después de todo, si tenemos almas que viven después de la muerte, es lógico que quieran comunicarse con nosotros. Tanto si cree en el espiritismo como si no, es una forma interesante de pensar en la vida después de la muerte.

La vida después de la muerte en el chamanismo

En el chamanismo, la vida después de la muerte se ve a menudo como un viaje a través de diferentes reinos. Se cree que el alma viaja al inframundo, enfrentándose a desafíos y transformándose. Tras completar estas pruebas, el alma renace en el mundo espiritual y se le otorga una nueva vida. Se cree que este ciclo de muerte y renacimiento continúa hasta que el alma alcanza un estado de iluminación. Algunos chamanes también creen que es posible comunicarse con los muertos y a menudo utilizan los estados de trance para contactar con los espíritus del mundo espiritual. Al comprender la vida después de la muerte, los chamanes pueden ayudar a sus clientes a hacer las paces con la muerte y prepararse para su viaje espiritual.

La vida después de la muerte en la cultura vudú

En la cultura vudú existe una fuerte creencia en la vida después de la muerte. Esta creencia está arraigada en la idea de que el alma es inmortal y que seguirá existiendo incluso después de que el cuerpo haya muerto. Se considera que el alma está encerrada en el cuerpo y que solo cuando este muere puede ser liberada. Una vez liberada, el alma pasa a vivir en otro reino conocido como el mundo espiritual. En este mundo, el alma se reunirá con sus antepasados y podrá disfrutar de la felicidad eterna. El concepto de reencarnación también desempeña un papel en las creencias vudú sobre el más allá. Se cree que el alma puede renacer en otro cuerpo y que este proceso continuará hasta que el alma haya alcanzado la perfección. Por ello, la muerte no se ve como un final, sino como un nuevo comienzo.

Asomarse al más allá

La mayoría de la gente siente al menos cierta curiosidad por lo que ocurre después de que morimos. Es natural preguntarse por lo gran desconocido. Por desgracia, no hay forma de saber con certeza lo que nos ocurre después de morir. Pero eso no impide que la gente especule. Para muchas personas, la idea de asomarse al más allá es a la vez intrigante y aterradora. Es una parte esencial de la experiencia humana y nos ayuda a apreciar aun más la vida.

Mucha gente cree que la vida después de la muerte es un misterio. Sin embargo, algunos afirman que es posible asomarse al más allá para encontrar respuestas. Los médiums a menudo son capaces de comunicarse con los muertos y es posible que puedan proporcionar información sobre lo que ocurre después de la muerte. Aunque es imposible saber con seguridad lo que ocurre después de morir, hablar con un médium puede darle cierta tranquilidad sobre lo que le espera. Si siente curiosidad por la vida después de la muerte, considere la posibilidad de hablar con una médium. Puede que ellos tengan las respuestas que busca.

La idea de la mediumnidad -comunicarse con los muertos- existe desde hace siglos. En los últimos años, sin embargo, se ha convertido en algo mucho más común, gracias en parte a programas como "Medium" y "*The Long Island Medium*". Aunque algunas personas siguen mostrándose escépticas sobre la validez de la mediumnidad, muchas han tenido experiencias de primera mano con el más allá a través de los mensajes transmitidos por los médiums.

Para quienes han perdido a seres queridos, la mediumnidad puede proporcionarles un cierre muy necesario. Puede resultar difícil aceptar el hecho de que alguien ya no esté físicamente presente en nuestras vidas. Sin embargo, un mensaje de ultratumba puede ayudar a aliviar el dolor de la pérdida y proporcionar el consuelo de que nuestros seres queridos siguen con nosotros, aunque no podamos verlos.

Además de proporcionar consuelo, la mediumnidad puede ofrecer una visión de la vida después de la muerte. ¿Qué nos ocurre después de morir? Es una pregunta que ha intrigado durante mucho tiempo a personas de todos los credos. Aunque existen muchas creencias diferentes sobre lo que nos ocurre después de la muerte, los médiums que se han comunicado con los muertos suelen relatar experiencias similares. Esto sugiere que puede haber algo de verdad en lo que dicen.

Tanto si cree en la mediumnidad como si no, es imposible negar que ha tenido un profundo impacto en la vida de muchas personas. Para aquellos que han sufrido una pérdida, puede proporcionar un cierre muy necesario. Para los que sienten curiosidad por el más allá, puede ofrecer una visión de lo que puede haber más allá de esta vida. Tanto si es escéptico como creyente, la mediumnidad es algo que merece la pena explorar.

El cuerpo astral es una parte del alma humana que se cree capaz de viajar fuera del cuerpo físico. Está conectado con el mundo de los espíritus y se dice que es la fuente de nuestros sueños e intuición. Los médiums son personas que pueden comunicarse con los muertos y pueden proporcionar información sobre el más allá. La idea de la mediumnidad existe desde hace siglos, pero se ha generalizado mucho más en los últimos años.

Para aquellos que han perdido a sus seres queridos, la mediumnidad puede proporcionarles un cierre muy necesario. También puede ofrecer una visión de la vida después de la muerte a aquellos que sienten curiosidad por lo que nos ocurre una vez que morimos. Tanto si cree en la mediumnidad como si no, es algo que merece la pena explorar. Hablar con una médium puede darle tranquilidad sobre lo que le espera. Si siente curiosidad por la vida después de la muerte, considere la posibilidad de hablar con una médium. Puede que ellos tengan las respuestas que busca.

Capítulo 3: Toma de tierra y preparación

Si alguna vez se ha interesado por la mediumnidad, sabrá que no es tan sencillo como hablar con fantasmas. Se requiere mucha preparación y trabajo, tanto por parte del médium como de la persona que busca comunicarse con un ser querido que ha fallecido. Sin una base y una preparación adecuadas, es demasiado fácil quedar atrapado en el mundo espiritual sin ser capaz de controlar la situación o protegerse de las entidades negativas.

Cuando se trata de la mediumnidad, la conexión a tierra y la preparación son extremadamente esenciales

https://www.pexels.com/photo/woman-in-white-shirt-holding-orange-and-white-lollipop-6943953/

En este capítulo, hablaremos de la importancia de la conexión a tierra y la preparación para la mediumnidad. También hablaremos de algunos ejercicios de conexión a tierra sencillos pero eficaces que puede realizar para empezar. Nos centraremos en el lado de la médium. Aun así, muchos de estos consejos pueden aplicarse a cualquiera que busque mejorar su conexión con el "más allá". También hablaremos de formas de preparar su mente para que sea más receptivo a los mensajes del otro lado.

La importancia de la conexión a tierra y la preparación

La mediumnidad es una habilidad que se ha practicado durante siglos y que solo recientemente ha empezado a ser aceptada por la corriente dominante. A pesar de su creciente popularidad, la mediumnidad sigue rodeada de misterio. Muchas personas no están seguras de cómo prepararse para las lecturas o de qué esperar. Una de las cosas más cruciales que hay que recordar es que la mediumnidad es una comunicación bidireccional.

El médium actúa como un conducto entre el mundo físico y el espiritual. Aun así, es el espíritu el que decide si quiere comunicarse o no. Por eso es tan esencial prepararse adecuadamente antes de las lecturas. Enraizarse le ayudará a sentirse más anclado y conectado, facilitando que los espíritus lleguen a usted. Y tomarse un tiempo para relajarse y despejar la mente le facilitará la recepción de mensajes del otro lado.

Cuando se trata de la mediumnidad, el anclaje y la preparación son extremadamente esenciales. He aquí algunas razones:

1. Le ayuda a mantenerse centrado

Como médium, es vital estar bien conectado a tierra y preparado antes de comenzar las lecturas. Enraizarse le ayudará a sentirse más conectado con el mundo físico y evitará que se sienta abrumado por la energía espiritual. Existen muchas formas diferentes de conectarse a tierra. Sin embargo, algunos métodos comunes incluyen visualizar raíces que crecen desde sus pies hacia la tierra o sostener un trozo de cuarzo en la mano. Una vez que se sienta firmemente enraizado, puede empezar a prepararse para su lectura. Esto puede implicar establecer una intención, visualizar una burbuja protectora a su alrededor o llamar a sus guías espirituales. Tomarse el tiempo necesario para enraizarse y prepararse antes de comenzar una lectura le ayudará a mantenerse centrado y en sintonía con los mensajes que reciba.

2. Aumenta sus posibilidades de establecer contacto

Enraizarse le ayudará a sentirse más centrado, lo que le facilitará enfocar su mente y conectar con las energías del mundo espiritual. La preparación también es importante, ya que ayuda a despejar su mente de cualquier pensamiento o emoción negativa que pudiera bloquear su conexión. Cuando está bien preparado, tiene más probabilidades de contactar con el espíritu con el que busca comunicarse. A ellos les resulta más fácil llegar hasta usted y a usted más fácil recibir sus mensajes. Si se toma el tiempo necesario para conectarse a tierra y prepararse antes de una sesión, aumentará sus posibilidades de establecer contacto con el mundo de los espíritus y de recibir mensajes precisos.

3. Mejora su conexión

En lo que respecta a la mediumnidad, la conexión a tierra y la preparación son fundamentales para establecer una fuerte conexión con el mundo de los espíritus. Tomarse el tiempo necesario para conectarse a tierra antes de comenzar las lecturas le ayudará a despejar su mente y a concentrar su energía. Esto le permitirá ser más receptivo a los mensajes que el espíritu intenta comunicarle. Del mismo modo, prepararse para las lecturas fijando una intención y creando un espacio sagrado también puede ayudarle a conectar más profundamente con sus guías y seres queridos que ya no están. Si se toma el tiempo necesario para crear una base sólida, se asegurará de sacar el máximo partido a su lectura de médiums.

4. Le mantiene a salvo de entidades negativas

Como médium, estar bien cimentado y preparado antes de empezar a trabajar le protegerá de cualquier entidad negativa que pueda intentar adherirse a usted. Hay algunas cosas sencillas que puede hacer para asegurarse de que está a salvo antes de comenzar las lecturas. En primer lugar, establezca la intención de que solo pueda llegar lo positivo y el bien más elevado. Esto mantendrá alejada cualquier energía inferior que intente adherirse a usted. En segundo lugar, invoque a sus guías espirituales y pídales que le rodeen y le protejan. También puede imaginar que una luz blanca le rodea, creando una barrera protectora contra cualquier energía negativa.

Rece siempre una oración o medite antes de empezar a trabajar. Esto le ayudará a elevar sus niveles de vibración y le mantendrá en un estado mental positivo. Llevar ropa protectora, como una bata blanca o un colgante, creará una barrera entre usted y cualquier energía negativa. Por último, trabaje siempre en un espacio limpio y desordenado. Esto le ayudará a crear un entorno tranquilo y seguro para trabajar. Estos sencillos consejos pueden mantenerle a salvo de entidades negativas cuando trabaje como médium.

5. Le ayuda a gestionar su energía

Enraizarse antes de comenzar las lecturas le ayudará a gestionar su energía y evitará que se sienta abrumado por el mundo espiritual. Cuando esté correctamente conectado a tierra, podrá trabajar más eficazmente como médium y evitar el agotamiento. Recuerde que no tiene que estar siempre disponible para el mundo espiritual. Puede tomarse descansos cuando lo necesite y volver a sus lecturas cuando se sienta más centrado.

Ejercicios de conexión a tierra

La conexión a tierra para médiums es una técnica utilizada para ayudar a los médiums a conectar con el mundo de los espíritus sin dejar de estar conectados a tierra en el mundo físico. El objetivo es crear un puente entre los dos mundos para que la comunicación pueda fluir libremente. Existen muchas formas diferentes de conectarse a tierra. Sin embargo, algunos de los métodos más comunes incluyen la visualización, la meditación y el trabajo energético.

Cuando se hace correctamente, la conexión a tierra puede ayudar a prevenir la sobrecarga psíquica y promover una comunicación clara y precisa con los espíritus. No todos los médiums son iguales, por lo que encontrar el método de conexión a tierra que mejor funcione para usted es crucial. Con la práctica, podrá lograr una conexión más profunda con el mundo de los espíritus sin dejar de estar plenamente presente en el mundo físico.

1. El método del árbol

Muchas personas que se inician en la mediumnidad desconocen las diferentes formas de conexión a tierra. Una forma fácil de conectarse a tierra es imaginar raíces que crecen desde la planta de sus pies, anclándole a la tierra. Otro método consiste en imaginarse a sí mismo como un árbol, con los pies firmemente enraizados en el suelo y los brazos extendidos hacia el cielo. Este ejercicio puede realizarse en cualquier lugar y solo le llevará unos minutos. Es una forma estupenda de centrarse antes de empezar las lecturas y también puede utilizarse para liberar el exceso de energía después de una sesión. Inténtelo la próxima vez que se sienta disperso o sin conexión a tierra.

2. El método del globo

Existen varios ejercicios diferentes que puede realizar para ayudarle a practicar la conexión a tierra. Uno de estos ejercicios se conoce como el método del globo. Para probarlo, siéntese cómodamente y respire profundamente unas cuantas veces. A continuación, imagine que sostiene un globo en la mano. Una vez que tenga una imagen clara del globo, ínflelo mentalmente hasta que tenga aproximadamente el tamaño de un pomelo. Mientras lo hace, repita mentalmente las palabras: "Estoy ampliando mis capacidades de médium". Una vez inflado el globo, visualícelo flotando en el aire y luego estallando. Mientras lo hace, sienta cómo se expanden sus capacidades de médium. Este ejercicio puede realizarse tan a menudo como desee y, con la práctica, descubrirá que se vuelve más fácil y eficaz. Quién sabe... con la suficiente práctica, ¡puede que sea capaz de hacer estallar ese globo sin ni siquiera utilizar las manos!

3. El método de la piedra

Otra forma sencilla de enraizarse es con una piedra. Empiece por encontrar una piedra que le resulte cómoda de sostener. Puede ser de cualquier tamaño o forma, y debe ser lisa para que sea fácil de sostener. Una vez que tenga su piedra, siéntese en una posición cómoda y cierre los ojos. Respire profundamente unas cuantas veces y concéntrese en la sensación de la piedra en su mano. Imagine que de la piedra salen raíces que le anclan a la tierra. Visualice que las raíces se adentran en la tierra, se extienden hacia fuera y le sujetan firmemente.

A medida que se concentre en las raíces, debería sentir que se enraíza y se hace más presente en el mundo físico. Si empieza a sentirse mareado o aturdido, abra los ojos y respire profundamente unas cuantas veces hasta que se sienta mejor. Una vez que esté conectado a tierra, puede dejar la piedra y continuar con su día. Los ejercicios de conexión a tierra como este pueden ayudarle a protegerse de las energías negativas y evitar que se sienta abrumado durante una lectura.

4. El método de la toma de tierra

Si alguna vez se ha sentido desconectado, distanciado o "no del todo", podría ser que no esté correctamente conectado a tierra. Para remediarlo, pruebe el método de la toma de tierra. Siéntese o póngase de pie con los pies firmemente plantados en el suelo, e imagine raíces que crecen desde las plantas de sus pies hasta lo más profundo de la tierra que hay debajo.

Visualice que estas raíces le anclan al planeta y concéntrese en la sensación de estar sólidamente conectado. Debería sentirse más presente y centrado al cabo de unos minutos. Si no tiene tiempo para hacer un ejercicio completo de enraizamiento, simplemente respire profundamente unas cuantas veces y visualice sus pies enraizados al suelo. Esto le ayudará a centrarse y a enraizarse para que pueda comprometerse plenamente con el mundo que le rodea.

5. El método de visualización

Uno de los métodos más eficaces para enraizarse es el método de visualización. Para realizar este ejercicio, busque un lugar cómodo para sentarse o tumbarse. Cierre los ojos y respire profundamente unas cuantas veces. Visualice que le rodea una luz blanca brillante. Esta luz es limpiadora y purificadora, y le rodea de protección.

Mientras inspira, imagine que está tomando la energía de la tierra. Continúe respirando profundamente y visualice la energía entrando en su cuerpo y llenándole. Debería sentirse más enraizado y conectado a la tierra con cada respiración. Sienta cómo la energía de la tierra entra en su cuerpo y le llena de fuerza y estabilidad. Abra los ojos y continúe con sus lecturas cuando se sienta bien enraizado.

Formas de preparar su mente

Si está interesado en desarrollar sus habilidades como médium, necesita preparar su mente. Es una buena idea mantener la mente abierta y estar abierto a la posibilidad de recibir mensajes del más allá. Sin embargo, también es crucial que sea consciente de sus pensamientos y emociones. Estas emociones negativas le bloquearán la recepción de mensajes si se siente dubitativo, asustado o ansioso. Encontrar un equilibrio entre tener la mente abierta y mantener pensamientos positivos es esencial. Hay algunas cosas que puede hacer para preparar su mente para una lectura:

1. Meditación

Suponga que está interesado en desarrollar sus habilidades como médium. En ese caso, una de las mejores cosas que puede hacer es aprender a meditar. Puede ayudarle a aquietar su mente y abrir su conciencia, facilitando la recepción de impresiones psíquicas del mundo de los espíritus. Hay muchas formas diferentes de meditar, así que experimente hasta encontrar un método que le funcione.

Algunas personas prefieren sentarse o tumbarse en un lugar tranquilo, centrándose en su respiración y dejando que sus pensamientos vayan y vengan sin juzgarlos. Otros prefieren centrarse en un mantra o visualizar una luz blanca que les rodea. No hay una forma correcta o incorrecta de meditar. Encuentre una práctica que le ayude a relajarse y a abrir su mente. La meditación regular puede ayudarle a desarrollar sus habilidades como médium y a fortalecer su conexión con el mundo espiritual.

2. Visualización

La visualización es una de las mejores formas de preparar su mente para la mediumnidad. Es el proceso de crear imágenes mentales en su mente para lograr un objetivo específico. Cuando visualiza, utiliza su imaginación para crear una imagen de lo que desea que suceda. Por ejemplo, si desea comunicarse con un ser querido que ha fallecido, visualizará a los dos hablando y compartiendo recuerdos. Cuanto más realista y detallada sea la imagen, mejor.

El objetivo es crear una imagen clara en su mente para que, cuando entre en la mediumnidad, pueda ver y oír a su ser querido con mayor claridad. La visualización tiene muchos otros beneficios, como reducir el estrés y aumentar su bienestar general. Si es nuevo en la visualización, empiece practicándola a diario durante unos minutos. A medida que se sienta más cómodo con la práctica, podrá aumentar el tiempo que dedica a visualizar.

3. Afirmaciones

Si está interesado en desarrollar sus habilidades como médium, puede hacer algunas cosas para preparar su mente. Una de las más importantes es practicar las afirmaciones. Esto implica repetir afirmaciones positivas sobre su capacidad para conectar con el otro lado. Por ejemplo, podría decir: "Soy una médium dotada que puede comunicarse con los que han fallecido". Repitiendo regularmente estas afirmaciones, empezará a aumentar la confianza en sí mismo y en sus capacidades. Esto hará que le resulte más fácil relajarse y abrirse al mundo de los espíritus.

Además de las afirmaciones, otra forma útil de preparar su mente para la mediumnidad es meditar mientras afirma pensamientos positivos. Esto le ayudará a aquietar sus pensamientos y alcanzar un estado de paz interior. Cuando pueda aquietar su mente, le resultará más fácil recibir mensajes del otro lado. Tenga la mente abierta y sea receptivo a la posibilidad de comunicarse con los espíritus. Si se acerca a la mediumnidad con escepticismo o duda, será más difícil recibir mensajes claros. Seguir estos sencillos consejos puede prepararle para el éxito como médium.

4. Orar

Rezar es una de las cosas más cruciales que puede hacer para preparar su mente para la mediumnidad. La oración aquieta la mente y despeja cualquier pensamiento que le distraiga. También ayuda a abrir el corazón, haciéndolo más receptivo a la comunicación de los Espíritus. Cuando rece, imagínese rodeado de luz. Imagínese la luz expandiéndose hasta llenar todo su ser. Sienta que la luz le infunde paz, amor y fuerza. Suelte todos sus miedos y dudas, y permítase llenarse de la luz del Espíritu. A medida que lo haga, le resultará más fácil aquietar su mente y abrir su corazón a la comunicación del otro lado.

5. Conectar con la naturaleza

Conectar con la naturaleza es una de las formas más eficaces de entrar en la mentalidad adecuada. Pase tiempo rodeado de plantas y árboles, y contemple la belleza del mundo natural. Esto le ayudará a aquietar su mente y a centrar sus pensamientos. También puede intentar meditar o hacer algunos ejercicios de respiración profunda. Estas actividades le ayudarán a aquietar su mente y le permitirán recibir orientación del otro lado. Recuerde, la clave es relajarse y permitirse estar abierto a la experiencia. Con un poco de práctica, se sorprenderá de lo que es capaz de lograr.

6. Mantener una mente abierta

Cuando prepare su mente para la mediumnidad, es vital tener una perspectiva abierta. A lo largo de la historia, muchas personas se han mostrado escépticas ante la mediumnidad y la capacidad de comunicarse con los muertos. Sin embargo, recuerde que la mediumnidad es una capacidad natural que todos poseemos. Al igual que podemos utilizar nuestros cinco sentidos para interactuar con el mundo físico, también podemos utilizar nuestro sexto sentido para interactuar con el mundo espiritual. Con una mente abierta, podrá recibir más fácilmente mensajes de sus seres queridos que han fallecido. Además, también será más receptivo a los mensajes de su guía espiritual. Mantenga una mente abierta y estará bien encaminado para convertirse en un médium de éxito.

7. Confiar en su intuición

Para preparar su mente para la experiencia, aprenda a confiar en su intuición. La intuición es nuestro sistema de guía interior y suele ser el primer paso para recibir información psíquica. Para desarrollarla, es crucial aquietar la mente y ponerse en contacto con sus sentimientos. La meditación puede ser una herramienta útil para ello, pero dedicar simplemente un tiempo al día a concentrarse en la respiración también puede ser útil. También es esencial que preste atención a los mensajes que recibe de su cuerpo. A menudo, nuestro cuerpo nos da información sobre las personas y las situaciones antes de que lo haga nuestra mente. Si aprende a confiar en su intuición, se abrirá a un nuevo mundo de experiencias psíquicas.

8. Yoga

Probablemente haya oído hablar del yoga antes, pero ¿sabía que también puede utilizarse para preparar su mente para la mediumnidad? Se trata de una práctica ancestral que implica disciplinas físicas, mentales y espirituales. El aspecto físico del yoga implica estirar y fortalecer el cuerpo. En cambio, los aspectos mentales y espirituales implican el trabajo de la respiración y la meditación. Al centrarse en la respiración y despejar la mente de cualquier otro pensamiento, el yoga puede ayudar a aquietar la mente y crear una sensación de paz interior. Este estado mental es ideal para la mediumnidad, ya que facilita la conexión con el mundo espiritual. Además, también puede ayudar a desarrollar habilidades psíquicas y a expandir su conciencia. Así que si busca una forma de preparar su mente para la mediumnidad, el yoga puede ser la opción perfecta para usted.

Cuando se dedique a la mediumnidad, es fundamental estar bien conectado a tierra y tener la mente concentrada en la tarea que tiene entre manos. Enraizarse le ayudará a protegerse de las influencias externas y a despejar su mente de cualquier pensamiento o distracción no deseados. Puede enraizarse visualizando raíces que crecen desde sus pies y le anclan a la tierra. Una vez enraizado, prepare su mente para la sesión. Esto puede hacerse mediante meditación o ejercicios de visualización. También es fundamental que se tome un tiempo para conectar con la naturaleza. Dedique unos minutos a concentrarse en su respiración y a disfrutar de la paz y la belleza de su entorno. Si sigue estos pasos, recibirá mensajes precisos durante su sesión y podrá concentrarse mejor.

Capítulo 4: Cómo reconocer la energía

¿Alguna vez ha entrado en una habitación y ha sentido una conexión o desconexión instantánea con las personas que había en ella? ¿Alguna vez ha sido capaz de percibir la energía de una persona o un lugar con solo estar cerca de ellos? Si es así, puede que ya haya experimentado el acto de sentir la energía.

Los médiums pueden abrirse a ver y comunicarse con el mundo de los espíritus
https://www.pexels.com/photo/woman-doing-a-card-reading-8770834/

En la mediumnidad, reconocer y comprender la energía que le rodea puede ser extremadamente útil a la hora de discernir la diferencia entre un ser querido fallecido y una entidad de baja vibración. También puede ayudarle a comprender los mensajes que recibe. La energía de una persona o un lugar puede decirle mucho sobre lo que está pensando o sintiendo en un momento dado.

Hay muchas formas diferentes de percibir la energía. Algunas personas están más naturalmente sintonizadas para sentir la energía que otras, pero con un poco de práctica, cualquiera puede aprender a hacerlo. Este capítulo le enseñará a visualizar y sentir la energía por sí mismo y con los demás. También le proporcionará algunos ejercicios que puede practicar para desarrollar su capacidad de sentir la energía.

Cómo visualizar y sentir la energía

Visualizar y sentir la energía son dos habilidades importantes para cualquier persona interesada en la mediumnidad. A través de la visualización, los médiums pueden abrirse a ver y comunicarse con el mundo de los espíritus. Al sentir la energía, los médiums pueden interpretar las emociones y los pensamientos de los espíritus. Estas habilidades requieren práctica y concentración, pero pueden desarrollarse con tiempo y paciencia. Percibir la energía es una habilidad que requiere tiempo y práctica para desarrollarse. Cuanto más practique, mejor se le dará. He aquí algunos consejos que le ayudarán a desarrollar su capacidad para visualizar y sentir la energía:

1. Relájese y abra su mente

La capacidad de ver y sentir la energía es una habilidad que cualquiera puede aprender. Sin embargo, desarrollar esta capacidad requiere cierta práctica. El primer paso es relajarse y despejar la mente. Es crucial estar en un estado de relajación para sentir la energía. Una vez relajado, empiece a centrarse en su respiración. Respire lenta y profundamente y permita que su mente se calme y se aquiete. Una vez que haya alcanzado un estado de paz interior, empiece a visualizar la energía. Véala arremolinándose a su alrededor, llenando el espacio con su luz brillante. Sienta cómo la energía fluye por su cuerpo, energizándole y revitalizándole. Con la práctica, desarrollará la capacidad de percibir la energía con mayor claridad. Con el tiempo, será capaz de ver y sentir la energía a su alrededor, en cualquier momento y en cualquier lugar.

2. Busque un cambio en su entorno

Una forma de saber si hay un cambio energético en su entorno es observar si el espacio que le rodea se siente diferente. Por ejemplo, si entra en una habitación que se siente pesada o densa, puede que haya energía negativa. Por el contrario, si un espacio se siente ligero y aireado, puede deberse a que la energía es positiva. Otra forma de percibir la energía es centrarse en su cuerpo. Si de repente se siente tenso o incómodo, puede deberse a que hay energía negativa cerca. Por otro lado, si se siente relajado y a gusto, puede deberse a que la energía de su entorno es positiva.

3. Preste atención a sus sensaciones físicas

Una forma de sintonizar mejor con la energía es prestar atención a sus sensaciones físicas. Por ejemplo, podría notar que se siente más ligero cuando está en presencia de energía positiva y más pesado o constreñido cuando está cerca de energía negativa. También podría notar cambios en su respiración, ritmo cardíaco o sensación de hormigueo. Estas son solo algunas de las formas en que su cuerpo puede responder a los diferentes tipos de energía. Prestando atención a sus sensaciones físicas, puede empezar a hacerse una idea de los diferentes tipos de energía que le rodean.

4. Observe cómo se siente emocional y mentalmente

Puede que no vea la energía, pero sin duda puede sentirla. La energía está en todas partes y nos afecta tanto de forma sutil como profunda. Aprender a visualizar y sentir la energía puede ayudarnos a comprender nuestras propias emociones y estado mental, así como las energías de los demás. Cuando prestamos atención a cómo nos sentimos emocional y mentalmente, podemos empezar a hacernos una idea de la energía que nos rodea. Preste atención a sus emociones y pensamientos. Si se siente enfadado o ansioso sin motivo, podría deberse a un desequilibrio energético. Sin embargo, si se siente feliz y en paz, puede deberse a que la energía que le rodea le apoya. Si presta atención a estas señales, podrá hacerse una mejor idea de la energía de su entorno.

6. Confíe en su intuición

La energía está a nuestro alrededor, pero puede resultar difícil percibirla y visualizarla. Algunas personas parecen tener una capacidad natural para ver y sentir la energía, mientras que a otras les resulta más difícil. Sin embargo, hay algunas cosas que puede hacer para ayudarse a sintonizar mejor con la energía que le rodea. Una de las cosas más esenciales es confiar en su intuición. Si tiene un presentimiento o ve algo en el ojo de su mente, no se cuestione, déjese llevar. También es útil pasar tiempo en la naturaleza, donde puede sentir cómo fluye la energía a su alrededor. Y por último, no tenga miedo de experimentar. Hay muchas formas diferentes de sentir y ver la energía, así que pruebe distintas técnicas hasta que encuentre una que funcione. Con un poco de práctica, se sorprenderá de lo fácil que es conectar con el mundo de energía que nos rodea a todos.

7. Practique, practique, practique

Aprender a visualizar y sentir la energía es una habilidad que requiere tiempo y práctica para desarrollarse. El primer paso consiste simplemente en tomar conciencia de la energía que le rodea. Empiece centrándose en los objetos de su entorno y observe la energía que emiten. Una vez que esté más en sintonía con la energía que le rodea, puede experimentar con formas de manipularla. Por ejemplo, pruebe a mantener las manos separadas unos centímetros y concéntrese en el flujo de energía entre ellas. Siga practicando hasta que desarrolle un sentido más fuerte del funcionamiento de la energía y de cómo puede utilizarla para mejorar su salud y bienestar.

Ejercicios para sentir su propia energía

La energía está a nuestro alrededor. Está en el aire que respiramos, los alimentos que comemos y el agua que bebemos. También está en las personas con las que interactuamos y en los lugares que visitamos. Nuestros cuerpos están hechos de energía, y nuestros pensamientos y emociones también son formas de energía. Interactuamos constantemente con la energía, seamos o no conscientes de ello. Una forma de ser más consciente de ello es aprender a sentir su campo energético. Esto puede hacerse a través de varios métodos, como la meditación, la visualización y la respiración. Si se toma el tiempo necesario para sentir su energía, podrá sintonizar mejor con la energía que le rodea. Hacerlo puede enseñarle a gestionarla mejor y a crear una vida más positiva y equilibrada. He aquí algunos ejercicios que le ayudarán a empezar:

1. El ejercicio de la bola de luz

Puede aprender a sentir su energía, aunque no pueda verla. Una forma de hacerlo es mediante el ejercicio de la "bola de luz". En primer lugar, busque un lugar cómodo para sentarse o tumbarse. Cierre los ojos y respire profundamente unas cuantas veces. A continuación, imagine una bola de luz dentro de su pecho. Puede ser del color o tamaño que usted elija. Dedique unos minutos a concentrarse en la bola de luz y preste atención a cualquier sensación que sienta en su cuerpo. Puede que sienta calor, hormigueo o pulsaciones. Cuanto más se concentre en la bola de luz, más intensas serán estas sensaciones. Con la práctica, podrá sentir su energía cada vez con más claridad.

2. El ejercicio de la cuerda

Todos somos seres empáticos, capaces de sentir la energía de quienes nos rodean. Y aunque es una habilidad que puede resultar útil en muchas situaciones, también puede ser abrumadora si no estamos acostumbrados a ella. Una forma de empezar a aprender a controlar su capacidad para sentir la energía es haciendo el ejercicio de la cuerda.

El ejercicio de la cuerda es sencillo. Busque un compañero y colóquense uno frente al otro, separados por una distancia aproximada de un brazo. Túrnense sujetando un extremo de la cuerda mientras su compañero sujeta el otro. A continuación, intente comunicar su energía a su pareja a través de la cuerda sin hablar. Concéntrese en enviar energía de calma o felicidad, y vea si pueden recibirla. ¡Puede que se sorprenda de lo bien que funciona! Con la práctica, podrá controlar mejor sus capacidades y utilizarlas de forma más útil en lugar de abrumadora.

3. El ejercicio de exploración

El ejercicio de exploración es una forma fácil de entrenarse para ser más consciente de su energía. Para empezar, busque un lugar cómodo para sentarse o tumbarse. Cierre los ojos y respire profundamente unas cuantas veces, dejando que su cuerpo se relaje. Una vez que se sienta tranquilo, centre su atención en la respiración. Inhale profundamente y luego exhale lentamente. Mientras respira, imagine que está aspirando energía del aire que le rodea. Esta energía llenará su cuerpo, infundiendo vitalidad a cada célula.

Una vez que se sienta lleno de energía, empiece a recorrer su cuerpo de la cabeza a los pies. Observe cómo se siente esta energía a medida que fluye a través de usted. Preste atención a cualquier zona en la que la energía se sienta especialmente fuerte o débil. Con la práctica, desarrollará una mayor sensibilidad al flujo de energía dentro de su propio cuerpo. Este ejercicio puede realizarse en cualquier lugar y en cualquier momento, lo que facilita el cultivo de su capacidad para sentir la energía. Al aprender a sentir su energía, estará en mejor posición para detectar y comprender la energía de los demás.

4. El ejercicio del rayo de luz

Todos somos seres energéticos e interactuamos constantemente con la energía que nos rodea. Al igual que sintonizamos diferentes canales en un televisor, podemos sintonizar diferentes frecuencias energéticas. Cuando sintonizamos una frecuencia alta, nos sentimos bien. Nos sentimos felices, alegres y a gusto. Cuando sintonizamos una frecuencia baja, nos sentimos mal. Nos sentimos enfadados, tristes y ansiosos. Aprender a percibir la energía puede ayudarnos a evitar a las personas y situaciones negativas y a atraer a nuestra vida más de lo que deseamos.

El ejercicio del rayo de luz es un método para practicar la percepción de la energía. En primer lugar, busque un lugar cómodo para sentarse o tumbarse. Cierre los ojos y respire profundamente unas cuantas veces. A continuación, imagine que un rayo de luz desciende del cielo y le golpea en el centro de la frente. La luz entrará en su cuerpo y le llenará de energía positiva. Mientras inspira, sienta cómo la luz se expande por todo su cuerpo. Llene todo su ser con la luz hasta que irradie energía positiva. Ahora abra los ojos y note cómo se siente. Debería sentirse más ligero, más luminoso y más en paz. Con la práctica, ¡podrá sentir la energía en cualquier lugar y en cualquier momento!

5. El ejercicio de la bola de cristal

Una de las mejores formas de ponerse en contacto con su energía es hacer el ejercicio de la bola de cristal. Este ejercicio es sencillo y solo le llevará unos minutos. Para empezar, siéntese cómodamente y sostenga una bola de cristal entre las manos. Cierre los ojos y respire profundamente unas cuantas veces. Imagine que su respiración llena de luz la bola de cristal a medida que respira. Una vez que la bola esté llena, imagínela emanando desde el centro y moviéndose hacia fuera en todas direcciones. Continúe respirando profundamente y concentrándose en la luz hasta que sienta que se tranquiliza y se relaja.

Ahora, imagine que está mirando dentro de la bola de cristal y que esta le muestra imágenes de su energía. Observe el color, la forma y el movimiento de la energía en la bola. Dedique unos minutos a observar su energía antes de abrir los ojos. Cuando haya terminado, respire profundamente unas cuantas veces y escriba lo que ha visto en la bola de cristal. Este ejercicio es una forma estupenda de entrar en contacto con su energía y aprender más sobre cómo afecta a su vida cotidiana.

6. El ejercicio de conexión a tierra

Debemos aprender a sentir y conectar con nuestra energía para llevar una vida sana y feliz. El ejercicio de conexión a tierra es una forma de ayudarle a mejorar su concentración. Para empezar, busque un lugar cómodo para sentarse o estar de pie. Cierre los ojos y respire profundamente unas cuantas veces. Al inhalar, imagine que desde sus pies crecen raíces que se adentran en la tierra. Con cada exhalación, siéntase más enraizado y arraigado.

Permítase hundirse profundamente en la tierra. Imagine su energía subiendo a través de sus raíces y entrando en su cuerpo. Inhale esta energía nutritiva y deje que le llene. Cuando esté preparado, abra los ojos y tómese unos minutos para notar cómo se siente. Debería sentirse más conectado a la tierra y más centrado en sí mismo. Con la práctica, podrá acceder a esta sensación en cualquier momento y lugar.

7. El ejercicio de centrado

La mayoría de las personas no son conscientes de la energía que desprenden. Transcurrimos nuestros días sin percibir el efecto que tenemos en los que nos rodean. Sin embargo, esta energía es muy real y puede aprovecharse para crear resultados positivos en nuestras vidas. Puede ponerse en contacto con su energía haciendo el ejercicio de centrarse. Empiece cerrando los ojos y respirando profundamente unas cuantas veces. A continuación, concéntrese en sus manos e imagine que de ellas emana una luz blanca. Esta luz representa su energía.

Ahora, lleve las manos lentamente hacia el pecho e imagine que la luz entra en el espacio de su corazón. Al hacerlo, debería sentir que le invade una sensación de calma y relajación. Continúe respirando profundamente y concentrándose en la luz hasta que se sienta totalmente centrado. Este ejercicio puede realizarse en cualquier momento que necesite conectar con su energía y centrarse.

Percibir la energía de los demás

Muchos expertos creen que todos estamos conectados por un campo de energía invisible. A menudo se hace referencia a este campo como el "aura". Algunas personas pueden ver el aura, mientras que otras pueden sentirla. Percibir el aura de los demás se denomina a veces "percepción áurica". Hay muchas formas diferentes de sentir la energía de otra persona. Para algunas personas, puede ser una sensación física, como calor u hormigueo en el cuerpo. Otras pueden tener una sensación mental o emocional de la energía de la persona. Y algunas personas pueden ver colores o formas alrededor de la persona.

Si cree que puede sentir la energía de otras personas, puede hacer algunas cosas para desarrollar su capacidad. Con la práctica, puede que descubra que es capaz de sentir la energía de los demás con mayor claridad. ¿Y quién sabe? Puede que incluso descubra que tiene un talento oculto para la percepción áurica. He aquí algunas cosas que puede hacer para desarrollar su capacidad de sentir la energía de los demás:

1. El ejercicio del espejo

Todos andamos por ahí con nuestro campo energético o aura. Puede que no sea capaz de verla, pero puede sentirla. Cuando entra en una habitación, puede sentir la energía de las personas que le rodean. Algunas personas tienen una energía calmada y tranquilizadora, mientras que otras tienen una energía elevada, casi abrumadora. ¿Alguna vez ha entrado en una habitación y se ha sentido incómodo al instante? Eso se debe a que estaba captando la energía negativa de las personas que le rodeaban.

Afortunadamente, existe una forma de protegerse de la energía negativa e incluso de empezar a influir en la energía de las personas que le rodean. Se llama el ejercicio del espejo, y es una herramienta sencilla pero poderosa para percibir y gestionar la energía. El ejercicio es exactamente como suena: usted se coloca delante de un espejo e imagina que su aura se refleja en usted. Mientras mira su reflejo, imagine que su aura es fuerte y brillante. Visualice que su energía es tan fuerte que llena todo el espejo. Ahora, imagine que las personas que le rodean están reflejando su campo energético. Vea sus auras llenando el espacio que les rodea. Por último, imagine que su aura es tan poderosa que empieza a influir en la energía de las personas que le rodean, haciéndolas más tranquilas y positivas.

El ejercicio del espejo es una forma estupenda de entrar en contacto con su campo energético y empezar a manejar la energía de las personas que le rodean. Inténtelo la próxima vez que entre en una habitación llena de gente y vea cómo le hace sentir.

2. El ejercicio de empatía

Al estar más en sintonía con la energía que nos rodea, podemos aprender a proteger nuestra energía positiva y evitar que se agote. En eso consiste el ejercicio de empatía. El primer paso es encontrar un lugar tranquilo para relajarse y despejar la mente. Una vez que esté tranquilo, empiece a prestar atención a las personas que le rodean. Fíjese en cómo le hace sentir su energía. ¿Se siente feliz y animado, o se siente cansado y decaído?

Si empieza a sentirse negativo después de estar cerca de alguien, es una buena señal de que su energía le está afectando negativamente. En este caso, lo mejor es intentar evitarlos. Sin embargo, si se siente atraído por la energía positiva de alguien, entonces, por supuesto, ¡hable con él! Practicando este ejercicio, podrá sintonizar mejor con las energías que le rodean y aprender a proteger su energía positiva.

3. El ejercicio de cortar el cordón

La energía negativa puede ser contagiosa, pero también la positiva. La clave está en rodearse de personas que tengan energía positiva y evitar a las que le drenen. Ahí es donde entra en juego el ejercicio de cortar el cordón. Este ejercicio está diseñado para ayudarle a liberarse de la energía negativa de los demás para que pueda rodearse de gente positiva.

Para realizar el ejercicio de corte del cordón, imagine que le rodea una luz blanca brillante. Esta luz es su protección frente a la energía negativa. Ahora, imagine que está rodeado de personas que drenan su energía. Vea su energía negativa como cuerdas oscuras unidas a usted y que le drenan. Ahora, utilice su imaginación para cortar estas cuerdas. Vea las cuerdas siendo cortadas y cayendo lejos de usted. Al hacerlo, sentirá que su energía se desplaza y cambia. Se sentirá más ligero y positivo. Por último, imagine que está rodeado de personas que tienen energía positiva. Vea su luz brillante brillando a su alrededor. Su energía positiva le llena y le hace feliz y saludable.

El ejercicio de cortar el cordón umbilical es una forma estupenda de liberarse de la energía negativa de los demás y rodearse de gente positiva. Pruébelo y vea cómo le hace sentir.

Si aprende a sentir y gestionar la energía, podrá protegerse de la energía negativa e incluso empezar a influir en las personas que le rodean. Estos ejercicios son solo un punto de partida. Cuanto más practique, mejor sabrá gestionar su energía y la de los demás. Así que no tenga miedo de experimentar y ver qué funciona mejor para usted. Y recuerde, cuanta más energía positiva ponga en el mundo, ¡más recibirá a cambio!

Capítulo 5: Desarrollar la clarividencia y otros clarines

¿Alguna vez ha deseado poder ver el futuro? ¿Oír lo que alguien está pensando? ¿O simplemente saber cosas que antes no sabía? Si es así, puede que le interese desarrollar sus dotes de médium.

La clarividencia es la capacidad de ver espíritus
https://www.pexels.com/photo/hands-over-fortune-telling-crystal-ball-7179800/

La mediumnidad es la capacidad de comunicarse con los espíritus de aquellos que han fallecido; es una habilidad que cualquiera puede aprender. Existen diferentes formas de desarrollar sus habilidades de médium. Sin embargo, una de las más cruciales es aprender a utilizar su clarividencia, clariaudiencia, clarisentencia y claricognición. Este capítulo explorará lo que implica cada una de estas clarividencias y cómo puede desarrollarlas. Al final de este capítulo, ¡tendrá muchas herramientas y conocimientos para utilizar sus habilidades de médium en la vida cotidiana!

Los Cuatro Claris

Los Cuatro Claros son cuatro formas en las que podemos recibir información del reino espiritual. La clarividencia es la capacidad de ver espíritus, la clariaudiencia es la capacidad de oírlos, la clarisentencia es la capacidad de sentirlos o presentirlos y la claricognición es la capacidad de conocerlos y comprenderlos. Todos tenemos estas habilidades, pero algunos están más sintonizados con una o dos de ellas. Por ejemplo, usted puede ser un clarividente que ve imágenes o símbolos cuando medita o un clariaudiente que oye voces o música. O puede ser un clarividente que siente energía o emociones o un claricognitivo que simplemente sabe cosas. Todas estas son formas válidas de recibir información de los espíritus y no hay una forma correcta o incorrecta de hacerlo. Lo vital es estar abierto a cualquier forma de comunicación que le llegue. Exploremos más a fondo cada una de las cuatro clarividencias.

Clarividencia (Qué esperar cuando se es clarividente)

La clarividencia es la capacidad de ver más allá de los cinco sentidos físicos. Las personas clarividentes pueden ver colores y formas que representan personas, acontecimientos o mensajes del otro lado. La clarividencia se asocia a menudo con la capacidad psíquica, pero es importante señalar que no todos los psíquicos son clarividentes. Algunos clarividentes pueden tener también otras habilidades, como la clariaudiencia (audición clara) o la clarisentencia (sensación clara). Las personas clarividentes pueden ver imágenes en el ojo de su mente o pueden ver objetos físicos reales. Algunas personas afirman ver auras alrededor de las personas, mientras que otras dicen ver símbolos o destellos de luz. Esta capacidad puede ser útil en muchos ámbitos de la vida, desde la profesión hasta las relaciones. Hay muchos recursos disponibles para ayudarle a desarrollar y comprender su don si cree que puede ser clarividente. Lo más importante es confiar en su intuición y seguir a su corazón.

Cómo desarrollar la clarividencia

Todo el mundo tiene capacidades clarividentes, pero la mayoría de las personas no son conscientes de ellas o no saben cómo desarrollarlas. Hay muchas formas de desarrollar la clarividencia, pero lo más crucial es tener una mente abierta y estar dispuesto a explorar sus capacidades.

Una forma de desarrollar la clarividencia es a través de la intuición. La intuición es un conocimiento interior que procede de la mente subconsciente. Todos tenemos intuición, pero muchos de nosotros no la escuchamos. Para desarrollar su intuición, empiece por prestar atención a sus presentimientos. Si tiene un presentimiento sobre algo, tómese un tiempo para investigarlo más a fondo. Puede que le sorprenda lo que descubra.

Otra forma de desarrollar la clarividencia es a través de las sincronicidades. Las sincronicidades son coincidencias significativas que no pueden explicarse por la lógica o el azar. Suelen ocurrir cuando pensamos en alguien o en algo y de repente aparecen en nuestras vidas. Por ejemplo, puede que esté pensando en un amigo y luego se lo encuentre en el supermercado. Estas coincidencias son una señal de que el universo está intentando llamar nuestra atención. Présteles atención y vea adónde le llevan.

Por último, otra forma de desarrollar la clarividencia es a través de las visiones. Las visiones son atisbos del futuro que nos llegan en sueños o en la meditación. Para interpretar sus visiones, lleve un diario de sueños y anote cualquier sueño extraño o significativo que tenga. También puede probar la meditación o los ejercicios de visualización guiada. A medida que practique el acceso a sus capacidades psíquicas, verá con más claridad en el reino espiritual.

Consejos para mejorar la clarividencia

Si está interesado en mejorar sus capacidades clarividentes, puede hacer algunas cosas para acelerar el proceso.

- **Practique a diario:** Cuanto más practique el uso de sus habilidades, más fuertes se volverán. Dedique algún tiempo a practicar ejercicios de visualización o a trabajar con un médium psíquico cada día.

- **Obtenga una lectura:** Una lectura psíquica profesional puede darle una idea de sus habilidades y de aquello en lo que debería trabajar.
- **Únase a un Círculo de Desarrollo:** Muchos círculos o grupos de desarrollo se reúnen regularmente para ayudar a las personas a desarrollar sus habilidades. Es una forma estupenda de conocer a otras personas con ideas afines y aprender de psíquicos más experimentados.
- **Lleve un diario:** Llevar un diario es una forma estupenda de seguir sus progresos y documentar sus experiencias. Anote cualquier sueño, visión o sincronicidad que tenga.

Clariaudiencia (Qué esperar cuando se es clariaudiente)

La clariaudiencia es la capacidad de oír al espíritu. Esto puede manifestarse de muchas maneras, desde oír una voz interior que le guía hasta escuchar sonidos como música o risas. Incluso puede recibir mensajes del Espíritu a través de palabras o frases. La clariaudiencia suele ser una de las primeras habilidades psíquicas que se desarrollan, y es una habilidad que puede utilizarse de muchas formas diferentes. Por ejemplo, puede utilizar la clariaudiencia para comunicarse con sus Guías Espirituales y recibir de ellos orientación sobre el camino de su vida. También puede utilizar la clariaudiencia para conectar con seres queridos que han fallecido y recibir mensajes de ellos.

La clariaudiencia en la vida cotidiana

La clariaudiencia puede manifestarse de varias formas, desde oír los sonidos de la naturaleza hasta recibir mensajes del otro lado. A medida que desarrolle sus capacidades clariaudientes, es posible que empiece a notar que puede recordar más fácilmente sus sueños. También puede descubrir que se siente atraído por ciertos sonidos, como el del agua corriente o el canto de los pájaros. La clariaudiencia también puede utilizarse para sintonizar con su yo superior. Al escuchar la guía que viene de su interior, puede empezar a tomar decisiones que estén en consonancia con sus verdaderos deseos. Con la práctica, la clariaudiencia puede ser una herramienta poderosa para acceder a la sabiduría y la orientación interiores.

Cómo desarrollar la clariaudiencia

La clariaudiencia es la capacidad de oír voces y sonidos que no son audibles para el oído humano. Estos sonidos pueden proceder del mundo espiritual o de su yo superior. Supongamos que está interesado en desarrollar esta capacidad. En ese caso, puede hacer algunas cosas para abrirse a esa posibilidad. En primer lugar, es importante tener una mente abierta y ser receptivo a la idea de que puede ser capaz de oír cosas más allá del mundo físico. En segundo lugar, intente practicar con un amigo o médium que ya esté en sintonía con la clariaudiencia. Esto le ayudará a sentirse más cómodo con la experiencia.

Por último, pruebe la escritura automática. Esta técnica permite que su mano se mueva libremente por una hoja de papel sin pensar conscientemente en lo que está escribiendo. Puede que las palabras que aparezcan no tengan sentido de inmediato, pero con el tiempo, puede que empiece a ver patrones y mensajes destinados a usted. La clariaudiencia es una capacidad fascinante que puede ayudarle a conectar con el mundo invisible que le rodea. Puede que se sorprenda de lo que puede oír con un poco de práctica.

Consejos para mejorar la clariaudiencia

- **Meditación:** La meditación es una forma estupenda de aquietar la mente y abrirla a la posibilidad de oír al espíritu.
- **Relajación:** Esté relajado cuando intente desarrollar sus capacidades clariaudientes. Intente encontrar un lugar tranquilo donde no le interrumpan.
- **Visualización:** La visualización puede ser útil cuando esté intentando oír al espíritu. Imaginarse en un lugar tranquilo, rodeado de naturaleza, puede ayudarle a sintonizar con la frecuencia del espíritu.
- **Póngase en contacto con sus emociones:** Nuestras emociones están estrechamente vinculadas a nuestra capacidad para oír a los espíritus. Al entrar en contacto con sus sentimientos, puede empezar a sintonizar mejor con los mensajes que le llegan.
- **Visualice lo que desea oír:** Si busca orientación de sus Guías Espirituales, intente visualizar lo que le gustaría oír. Esto puede ayudar a abrir el canal de comunicación.

Clarisentencia (Qué esperar cuando se es clarisentiente)

Ser clarisentiente significa que experimenta impresiones psíquicas a través de sus sentimientos. En otras palabras, usted "sabe" cosas a un nivel visceral, aunque no pueda explicar cómo las sabe. La clarisentencia es una de las formas más comunes de capacidad psíquica y también una de las más fáciles de desarrollar. A medida que se abre a sus habilidades psíquicas, puede descubrir que sus sensaciones viscerales se vuelven más fuertes y precisas. Con la práctica, puede aprender a utilizar su clarividencia para guiarse en todos los ámbitos de su vida.

La clarisentencia en la vida cotidiana

Las personas con clarividencia suelen afirmar que tienen capacidades empáticas, lo que significa que pueden sentir las emociones de los demás. También pueden experimentar fuertes intuiciones o "sentimientos viscerales" sobre las personas y las situaciones. Además, los clarividentes suelen notar coincidencias significativas, o lo que se conoce como "sincronicidad". Aunque algunas personas pueden tachar estas experiencias de mera coincidencia, los clarividentes saben que están recibiendo orientación de una fuente superior. Pueden navegar por el mundo de forma más intuitiva sintonizando con sus sentimientos internos.

Cómo desarrollar la clarisentencia

La mayoría de la gente está familiarizada con los cinco sentidos, pero ¿sabía que existe un sexto sentido? Este sentido, conocido como clarisentencia, se refiere a la capacidad de recibir información de más allá del mundo físico. Aunque algunas personas nacen con esta capacidad, también es posible desarrollar la clarividencia a través de la práctica espiritual. He aquí tres formas de empezar:

Conectar con sus emociones: La clarividencia se describe a menudo como una capacidad "empática", lo que significa que quienes pueden acceder a este sentido están muy en sintonía con sus emociones. Si quiere desarrollar su clarividencia, empiece por dedicar tiempo a entrar en contacto con sus sentimientos. Fíjese en lo que le hace sentir bien y en lo que le hace sentir mal. Preste atención a su intuición y no tenga miedo de confiar en su instinto.

Aprenda a meditar: La meditación es una forma excelente de aquietar la mente y centrarse en el momento presente. Cuando medita, crea un espacio para la quietud y la claridad. A medida que se sienta más cómodo con la meditación, es posible que empiece a notar percepciones intuitivas que surgen del silencio. Estas intuiciones pueden ser una valiosa forma de guía del Yo Superior o de los Guías Espirituales.

Practicar la conexión a tierra y el centrado: Para recibir información psíquica, es importante estar enraizado y centrado. Esto significa que está presente en su cuerpo y es consciente de lo que le rodea. Puede enraizarse visualizando raíces que crecen desde sus pies y le anclan a la tierra. Para centrarse, concéntrese en su respiración y deje ir cualquier pensamiento o distracción. Con la práctica, mejorará a la hora de recibir información clara y precisa del reino espiritual.

Consejos para mejorar la clarisentencia

Si está interesado en desarrollar su clarisentencia, hay algunas cosas que puede hacer para facilitar el proceso:

- **Comprométase a explorar su capacidad psíquica con regularidad:** Cuanto más trabaje con su clarividencia, más fuerte se hará. Para ver resultados, es importante ser constante con su práctica. Reserve un tiempo cada día para centrarse en el desarrollo de su capacidad psíquica.

- **Esté abierto a todas las formas de comunicación:** La clarividencia suele describirse como una sensación visceral, pero también puede manifestarse de otras formas. Puede recibir información a través de sueños, símbolos o incluso sensaciones físicas. Preste atención a cómo recibe la información y manténgase abierto a todas las formas de comunicación del reino espiritual.

- **Practique el discernimiento entre sus pensamientos y la información psíquica:** Puede resultar complicado distinguir entre sus pensamientos y las impresiones psíquicas. Una buena forma de diferenciarlas es preguntarse si la información que está recibiendo está basada en el miedo o en el amor. Si la respuesta es miedo, es probable que la información proceda de su mente. Sin embargo, si la respuesta es amor, es más probable que la información proceda de una fuente superior.

- **Suelte las expectativas:** Cuando esté empezando, es importante que deje ir cualquier expectativa que tenga sobre el proceso. La capacidad psíquica es un sentido sutil y puede llevarle algún tiempo entrar en contacto con sus capacidades clarividentes. Sea paciente y confíe en que la información que necesita le será revelada a su debido tiempo.

Claricognición (Qué esperar cuando se es claricognitivo)

La claricognición es un tipo de percepción extrasensorial que se refiere a la capacidad de saber cosas sin conocimiento o comprensión previos. Esta capacidad se describe a menudo como un "sexto sentido" o una "corazonada", y puede utilizarse para obtener información sobre personas, lugares, acontecimientos u objetos. La claricognición difiere de otras formas de percepción extrasensorial, como la clarividencia y la clariaudiencia, en que no implica ver u oír cosas que normalmente no están al alcance de los sentidos. En su lugar, los individuos claricognitivos simplemente saben cosas que no podrían saber por medios normales.

Esta forma de percepción extrasensorial permite acceder a información no disponible a través de los cinco sentidos. También se conoce como "conocimiento claro" o "conocimiento interno". La clarividencia suele manifestarse como un fuerte conocimiento interior o una corazonada sobre algo. Es un sentido que va más allá de lo que se puede ver, oír, saborear, oler o tocar. Aunque no existen pruebas científicas que respalden la existencia de la clarividencia, muchas personas creen que esta capacidad es real y que puede aprovecharse para obtener información valiosa.

La claricognición en la vida cotidiana

La claricognición puede utilizarse de diversas formas en la vida cotidiana. Por ejemplo, podría recibir orientación divina a través de la claricognición. También podría utilizar su intuición para tomar decisiones basadas en su conocimiento interior. Las personas claricognitivas suelen convertirse en empresarios, agentes de bolsa y policías de éxito porque saben escuchar sus instintos y seguirlos.

La claricognición suele manifestarse como un "presentimiento" sobre alguien o algo. Usted simplemente sabe que algo es cierto, aunque no haya ninguna razón lógica para sentirse así. La clarividencia puede ser una herramienta muy útil en la vida cotidiana. Por ejemplo, puede utilizarla para

- **Tomar decisiones:** Si está intentando decidir si acepta o no un nuevo trabajo, por ejemplo, puede tener una sensación claricognitiva de si es o no la elección correcta para usted.

- **Obtenga orientación:** A muchas personas les gusta pedir consejo a su yo claricognitivo sobre decisiones importantes. Todo lo que tiene que hacer es centrarse en su pregunta y dejar que la respuesta venga a usted.
- **Sentir el peligro:** Si va caminando por un callejón oscuro y de repente tiene la fuerte sensación de que está en peligro, su clarividencia está intentando advertirle. Haga caso a su intuición y salga de allí.

La claricognición es solo una de las muchas habilidades psíquicas diferentes. Aun así, es una que todos podemos utilizar en nuestra vida cotidiana si aprendemos a escuchar a nuestra intuición.

Cómo desarrollar la claricognición

Si está interesado en desarrollar sus habilidades claricognitivas, hay varias cosas que puede hacer para alimentar este proceso. La meditación es una forma de calmar la mente y abrirse a la recepción de la guía interior. También puede practicar ejercicios de visualización y pedir señales al universo sobre una decisión concreta que esté tratando de tomar. Preste atención a sus sueños, ya que también pueden proporcionarle una guía útil. A medida que comience a confiar en su conocimiento interior, empezará a notar que la Claricognición se convierte en una parte más habitual de su vida. La clarividencia es un don poderoso que puede ayudarle a vivir una vida más intuitiva y plena.

Consejos para mejorar la claricognición

Si desea mejorar su Claricognición, hay algunas cosas que puede hacer:

- **Estar dispuesto a recibir:** Para que la Claricognición funcione, debe estar dispuesto a recibir información de su yo superior. Si no está abierto a la idea de la guía interior, es probable que bloquee cualquier información que le llegue.
- **Siéntase cómodo con el silencio:** Una de las mejores formas de abrirse a las capacidades claricognitivas es sentirse cómodo con el silencio. La meditación y la atención plena son formas excelentes de aquietar la mente y conectar con su conocimiento interior.
- **Confíe en su intuición:** Cuando reciba una corazonada o un presentimiento sobre algo, confíe en él. Cuanto más confíe en su intuición, más fuertes se volverán sus capacidades claircognitivas.
- **Sea paciente:** La clarividencia es un proceso que requiere tiempo y paciencia. No espere convertirse en un experto de la noche a la

mañana. Confíe en que la información llegará cuando esté preparado para recibirla.
- **Escuche su voz interior:** Todos tenemos una voz interior que nos habla. Es la voz de nuestro yo superior. Preste atención a su voz interior y confíe en que le está guiando en la dirección correcta.
- **Siga a su corazón:** Nuestros corazones son a menudo más sabios que nuestras mentes. Si le cuesta tomar una decisión, siga a su corazón. Normalmente le guiará en la dirección correcta.

Las cuatro principales clarividencias son
- Clarividencia (ver imágenes),
- Clariaudiencia (oír sonidos),
- Clarisentencia (reconocer los sentimientos).
- Claricognición (saber).

Todos tenemos una o varias de estas habilidades, pero puede que estén dormidas y necesitemos aprovecharlas. En la mediumnidad, la clarividencia es ver imágenes de los difuntos o de otros seres del mundo de los espíritus. La clariaudiencia es oír sonidos, como la voz de los difuntos o de otros seres del mundo de los espíritus. La clarividencia reconoce los sentimientos, como las emociones de los difuntos o de otros seres del mundo de los espíritus. La clarividencia sabe cosas sin tener ninguna prueba física o explicación lógica de por qué las sabe.

Puede hacer varias cosas para desarrollar sus habilidades clari, como meditar, practicar ejercicios de visualización y pedir señales al universo. También puede mejorar sus claris sintiéndose cómodo con el silencio, confiando en su intuición y siendo paciente. Recuerde escuchar su voz interior y seguir a su corazón. Cuanto más confíe en estas habilidades, más formarán parte de su vida cotidiana.

Capítulo 6: Canalización de espíritus 101

¿Alguna vez ha querido conectar con un ser querido que ha fallecido? ¿O quizá sienta curiosidad por sus raíces y quiera conectar con sus antepasados? Si es así, puede que le interese aprender sobre la canalización de espíritus. La canalización de espíritus es una práctica que le permite conectar con los espíritus de seres queridos o antepasados fallecidos. Es similar a la mediumnidad, pero existen algunas diferencias clave. En este capítulo, exploraremos qué es la canalización de espíritus, en qué se diferencia de la mediumnidad y cómo llevarla a cabo.

Se pueden utilizar muchas técnicas diferentes para canalizar espíritus, pero una de las cosas más cruciales es crear un espacio en el que se sienta seguro

https://www.pexels.com/photo/playing-cards-laid-down-on-a-table-top-with-velvet-cover-8770810/

Canalización de espíritus

A mucha gente le fascina la idea de la canalización de espíritus, en la que una persona se convierte en médium para comunicar mensajes de más allá del mundo físico. Aunque algunas personas se muestren escépticas ante esta práctica, no cabe duda de que se ha practicado durante siglos en culturas de todo el mundo. Los antiguos egipcios, por ejemplo, creían que sus faraones eran canales con los dioses, y muchos pueblos indígenas creían que sus chamanes podían comunicarse con los espíritus.

Algunas personas creen que cualquiera puede aprender a canalizar espíritus. En cambio, otros creen que es un don que solo poseen ciertas personas. Se pueden utilizar muchas técnicas diferentes para canalizar a los espíritus, pero una de las cosas más cruciales es crear un espacio en el que se sienta seguro y cómodo. Esto puede significar encender velas o incienso o poner música relajante. Una vez que haya creado su espacio, puede empezar a despejar su mente y centrarse en su respiración. Puede llevarle algún tiempo alcanzar un estado de relajación profunda, pero una vez que lo haga, puede descubrir que puede canalizar mensajes de más allá del mundo físico.

Mediumnidad frente a canalización de espíritus

Cuando se trata de conectar con el mundo del más allá, existen dos enfoques principales que adopta la gente: la mediumnidad y la canalización de espíritus. Ambas prácticas pueden utilizarse para comunicarse con los espíritus, pero existen algunas distinciones clave entre ellas.

Aunque "mediumnidad" y "canalización de espíritus" se utilizan a menudo indistintamente, se refieren a dos cosas diferentes. La mediumnidad es la capacidad de comunicarse con espíritus que han pasado al otro lado, mientras que la canalización de espíritus es el acto de permitir que un espíritu posea temporalmente su cuerpo para comunicarse con los vivos. La canalización generalmente implica que el médium no tiene el control de la situación y que simplemente está proporcionando un recipiente para que el espíritu lo utilice.

La mediumnidad puede utilizarse para diversos fines, como proporcionar consuelo a los afligidos o transmitir mensajes de ultratumba. La canalización de espíritus, por otro lado, se utiliza a menudo para obtener percepciones o conocimientos que de otro modo no estarían disponibles. Los mensajes canalizados pueden proceder de diversas fuentes, incluidos los seres queridos difuntos, los ángeles de la guarda o incluso seres superiores como Jesús o Buda. En última instancia, tanto si busca consuelo o sabiduría, tanto la mediumnidad como la canalización de espíritus pueden proporcionarle valiosos conocimientos sobre el más allá.

Tanto la mediumnidad como la canalización de espíritus pueden proporcionar información y orientación desde el otro lado. Sin embargo, cada enfoque tiene sus ventajas y desventajas. La mediumnidad puede ser más eficaz para comunicar mensajes específicos, mientras que la canalización puede ser mejor para recibir información general. En última instancia, depende del individuo decidir qué enfoque es el mejor para él.

La canalización de espíritus en el chamanismo

El chamanismo es una antigua práctica espiritual que implica la comunión con el espíritu para sanar el mundo físico. Un elemento central del chamanismo es la creencia de que todo en el universo está conectado y que la enfermedad o la falta de armonía se producen cuando se rompe esta conexión. Los chamanes entran en trance para viajar al reino de los espíritus y reparar estas conexiones rotas. Esta práctica se conoce como "canalización de espíritus".

Para viajar al reino de los espíritus, los chamanes utilizan diversos métodos, como el tamborileo, la danza, el canto y la visualización. Una vez que han entrado en estado de trance, a menudo reciben orientación de espíritus útiles a través de símbolos o imágenes. Al interpretar estos mensajes, los chamanes pueden identificar la raíz de un problema y tomar medidas para corregirlo. De este modo, la canalización de espíritus puede ser una herramienta poderosa para curar males físicos y restablecer el equilibrio del mundo natural.

La canalización de espíritus en el vudú

El vudú es una tradición religiosa afrocaribeña que combina elementos del vodún de África Occidental, el catolicismo y las tradiciones de los nativos americanos. Uno de los aspectos más singulares del vudú es la canalización de espíritus. Se trata de una práctica en la que un médium entra en trance y permite que un espíritu se apodere de su cuerpo para comunicarse con los vivos.

Se dice que la canalización de espíritus es una experiencia muy poderosa, tanto para la persona que canaliza como para quienes la presencian. Se dice que el espíritu que está siendo canalizado es capaz de impartir sabiduría y conocimientos que ha adquirido en la otra vida, y también puede ofrecer orientación y consejo. Para la persona que realiza la canalización, puede ser una experiencia profundamente conmovedora que le ayude a conectar con su espiritualidad.

Si está interesado en experimentar la canalización de espíritus, debe buscar a un sacerdote o sacerdotisa vudú de buena reputación. Ellos le ayudarán a prepararse para la experiencia y crearán un espacio seguro para que pueda viajar al mundo espiritual.

La canalización de espíritus en el espiritismo

La canalización de espíritus es una práctica que ha sido utilizada durante siglos por muchas culturas diferentes. La idea básica es que existe un mundo espiritual más allá de nuestro mundo físico y que puede comunicarse con estos espíritus. Hay muchas formas de canalizar espíritus, pero el método más común es a través de la mediumnidad. Esto implica entrar en un estado de trance y permitir que el espíritu tome el control de su cuerpo y su voz para comunicarse con los vivos.

El espiritismo es una religión en la que la gente cree en la existencia de un mundo espiritual y en la capacidad de comunicarse con aquellos que han fallecido. Muchos espiritistas creen que todos podemos aprender de la sabiduría de los espíritus y que pueden ayudarnos a conducir mejor nuestras vidas. La canalización de espíritus es una de las principales formas que tienen los espiritistas de conectar con el mundo de los espíritus y es una parte esencial de su sistema de creencias.

Hay muchos recursos disponibles en Internet y en bibliotecas, si está interesado en aprender más sobre el espiritismo o la canalización de espíritus. También hay muchas iglesias espiritistas en todo el mundo donde puede conocer a otras personas con ideas afines y explorar este fascinante sistema de creencias.

El estado de trance

Todas estas tradiciones tienen algo en común: el estado de trance. Se trata de un estado natural de conciencia que todos experimentamos a diario. Es el estado entre la vigilia y el sueño y un estado muy poderoso para la canalización de espíritus. Para canalizar espíritus, primero debe entrar en estado de trance.

Hay muchas formas de inducir un estado de trance, pero el método más común es a través de la meditación. La meditación es una práctica que le permite concentrar su mente y alcanzar un estado de relajación profunda. Una vez que alcance este estado, su mente consciente se aquietará y estará más abierto a recibir mensajes del mundo espiritual. Existen muchos tipos diferentes de meditación, así que encuentre un método que funcione para usted. Si es nuevo en la meditación, hay muchos recursos disponibles en Internet y en las bibliotecas. Una vez que haya aprendido a meditar, puede empezar a practicar la canalización de espíritus.

Otra forma de entrar en estado de trance es a través de la hipnosis. La hipnosis es un estado de relajación profunda inducido por otra persona. La persona que le hipnotiza le guiará hacia un estado de trance y le ayudará a concentrar su mente. Una vez en trance, estará más abierto a recibir mensajes del mundo espiritual. Este método lo utilizan a menudo los médiums que intentan canalizar espíritus.

Ya sea el vudú, el chamanismo o el espiritismo, la canalización siempre comienza con el practicante entrando en un estado de trance. Esto puede hacerse a través de la meditación, la hipnosis o cualquier otro método que funcione para el individuo. Entrar en este estado de trance es un paso necesario para comunicarse con el más allá. Tras entrar en trance, estará más abierto a recibir mensajes del mundo espiritual. Estos mensajes pueden llegar en forma de pensamientos, sentimientos o imágenes. Recuerde que no todos los mensajes tendrán sentido para usted, pero confíe en que el mensaje procede de un lugar de amor y sabiduría. Permita que el mensaje le guíe y confíe en que es para su mayor bien.

Canalizar a sus antepasados

Quizá haya oído hablar antes de personas que canalizan a sus antepasados, pero ¿qué significa eso exactamente? Canalizar es cuando un individuo entra en un estado similar al trance y es poseído por el espíritu de otro. Esto puede ocurrir de forma espontánea o mediante técnicas específicas, como la meditación o el canto.

Los que practican el culto a los antepasados creen que nuestros antepasados están a nuestro alrededor, incluso después de que hayan fallecido. Pueden ofrecernos guía y protección, y mantenerse en comunicación con ellos es vital. Canalizar es una forma de hacerlo.

Usted se abre a sus conocimientos y sabiduría cuando canaliza a sus antepasados. Puede que reciba mensajes sobre su vida personal o que le ofrezcan consejo sobre decisiones importantes que debe tomar. Puede que incluso se encuentre hablando en un idioma diferente o con un acento distinto.

El culto a los antepasados es una práctica antigua que se sigue practicando hoy en día en muchas culturas de todo el mundo. Si está interesado en canalizar a sus antepasados, he aquí algunas cosas que puede hacer para empezar:

1. Investigar su linaje

¿Alguna vez se ha preguntado por sus antepasados? ¿Quiénes eran? ¿De dónde procedían? ¿Cómo eran sus vidas? Si tiene preguntas sobre su linaje, considere la canalización de espíritus como una forma de investigar su ascendencia. Puede ayudarle a comunicarse con el mundo de los espíritus para obtener información sobre el pasado de una persona. Esta información puede proporcionarle una visión de su historia familiar y ayudarle a conectar con sus antepasados a un nivel más profundo.

Si está interesado en explorar su linaje a través de la canalización de espíritus, debe tener en cuenta algunas cosas. En primer lugar, es crucial encontrar un médium acreditado con experiencia en la comunicación con los difuntos. En segundo lugar, esté abierto a recibir cualquier información que le llegue, incluso si no es lo que esperaba o deseaba. Y por último, confíe en su intuición. Si algo no le parece correcto, no dude en hacer preguntas de seguimiento o pedir aclaraciones. Siguiendo estas pautas, podrá asegurarse de que su experiencia sea segura y perspicaz.

2. Entrar en estado de trance

La canalización espiritual de sus antepasados puede ser una experiencia poderosa. Entrar en estado de trance es un paso crucial. Esto puede hacerse a través de la meditación, ejercicios de respiración o incluso durmiendo. Una vez en estado de trance, centre su intención en contactar con sus antepasados. Puede decir sus nombres en voz alta o visualizarlos en su mente. A continuación, simplemente ábrase a recibir cualquier mensaje que puedan tener para usted. Recuerde que no todos los mensajes llegarán con claridad. A veces, puede que solo reciba fragmentos de información o impresiones vagas. Sin embargo, con la práctica, debería ser capaz de recibir mensajes más claros y concisos.

3. Conectar con un antepasado

Cuando intente conectar con un antepasado, hay algunas cosas que puede hacer para prepararse. En primer lugar, cree un espacio tranquilo y cómodo donde no le molesten. Puede encender algunas velas o incienso o poner música relajante. A continuación, centre su atención en la respiración y permítase relajarse. Una vez que se sienta tranquilo y centrado, empiece a visualizar al antepasado o ser querido con el que desea conectar. Mientras lo hace, imagine que una luz blanca brillante le rodea y llena la habitación. Imagínese que la luz se funde con su energía hasta que se sienta en su sitio.

Ahora, simplemente pida orientación al antepasado o ser querido. Permita que lo que venga a su mente fluya libremente sin juzgarlo. Si no recibe una respuesta inmediatamente, no pasa nada - simplemente sea paciente y mantenga la mente abierta. Puede que descubra que la canalización espiritual de sus antepasados puede proporcionarle valiosas ideas y orientación en su viaje vital.

4. Recibir mensajes

Aunque nuestros antepasados ya no estén con nosotros en forma física, aun pueden ofrecernos orientación y apoyo desde el mundo espiritual. Una forma de conectar con ellos es a través de una técnica en la que usted se abre a recibir mensajes. Puede hacerse solo o con la ayuda de un médium. La clave está en relajarse y permitir que los mensajes lleguen. Puede que los oiga como una voz en su cabeza o que reciba imágenes visuales o sensaciones. Confíe en su intuición y déjese llevar por lo que surja. Mantenga la mente abierta y no tema hacer preguntas. Recuerde, sus antepasados quieren ayudarle y solo le darán información útil.

5. Interpretar mensajes

La canalización es un término ampliamente definido que puede referirse a cualquier tipo de comunicación con los espíritus. Esto incluye la comunicación con seres queridos fallecidos, guías, ángeles y otros seres no físicos. La canalización puede adoptar muchas formas diferentes, desde oír voces en su cabeza hasta ver visiones en el ojo de su mente. Sin embargo, lo más importante es estar abierto a recibir mensajes del otro lado. Una vez establecida la conexión, es crucial interpretar el significado del mensaje recibido. Esto puede hacerse a menudo utilizando la intuición o consultando a un vidente o médium de confianza. Con un poco de práctica, se sorprenderá de lo fácil que es canalizar a sus antepasados y recibir orientación del otro lado.

6. Salir del estado de trance

Cuando haya terminado de canalizar a sus antepasados, es muy importante que salga cuidadosa y lentamente del estado de trance. Para ello, comience concentrándose y respirando profundamente unas cuantas veces. A continuación, abra los ojos y eche un vistazo a la habitación. Tómese unos momentos para estirarse y mover el cuerpo antes de levantarse y reanudar su jornada. Recuerde que la canalización puede ser una experiencia muy poderosa, así que tómese un tiempo para enraizarse después. Siguiendo estos sencillos pasos, puede asegurarse de tener una experiencia segura y satisfactoria canalizando a sus ancestros.

7. Practique

Si está interesado en la canalización de espíritus, puede que se pregunte cómo empezar. Después de todo, no es algo que se pueda aprender de la noche a la mañana. Sin embargo, la buena noticia es que la práctica hace al maestro. Muchas personas están interesadas en canalizar a sus antepasados, pero no saben cómo hacerlo. El primer paso es entrar en estado de trance. Esto puede hacerse a través de la meditación, la oración o simplemente centrando su atención en la respiración.

Una vez que haya entrado en el estado de trance, relájese y deje que la energía de sus antepasados fluya a través de usted. Puede sentir que le hablan o simplemente recibir impresiones e imágenes. Confíe en lo que le llegue y no intente forzar la experiencia. Si se siente llamado a hablar en voz alta, hágalo con respeto y cariño. Recuerde que sus antepasados están aquí para ayudarle y guiarle; lo harán de la forma que consideren mejor.

Consejos para canalizar espíritus

Si alguna vez se ha sentido llamado a conectar con el otro lado, puede que se pregunte cómo empezar a canalizar espíritus. He aquí algunos pasos que le ayudarán:

1. Encuentre un lugar tranquilo donde se sienta cómodo y relajado. Este será su espacio para canalizar, así que asegúrese de que es un lugar donde no le interrumpirán.
2. Siéntese o reclínese en una posición cómoda. Puede cerrar los ojos para ayudar a centrar su atención en el interior.
3. Respire profundamente varias veces y concéntrese en dejar ir cualquier distracción o preocupación. Intente despejar su mente y simplemente estar presente en el momento.
4. Una vez que se sienta centrado y tranquilo, centre su atención en la respiración. Respire profunda y lentamente, e imagine que cada respiración abre sus canales de energía.
5. Visualice una luz blanca que emana de su corazón, llenando todo su cuerpo con su energía pacífica y purificadora.

6. Ahora, invite a los espíritus con los que desee comunicarse a entrar en su espacio lleno de luz. Imagínelos uniéndose a usted en este espacio seguro y sagrado.
7. Formule cualquier pregunta a los espíritus y ábrase a recibir mensajes de ellos. Puede que los oiga claramente en su mente o que lleguen como impresiones o sentimientos más sutiles. Confíe en cualquiera que sea la forma que adopte la comunicación.
8. Agradezca a los espíritus su tiempo y su guía y, a continuación, visualice de nuevo la luz blanca, esta vez expandiéndose hacia el exterior para envolver el espacio que le rodea y alejar cualquier energía negativa que pueda haberse adherido a usted durante la sesión de canalización.
9. Cuando esté preparado, abra lentamente los ojos y tómese unos minutos para escribir un diario sobre su experiencia. Anote cualquier cosa que le llame la atención, por pequeña que parezca. Repase estos consejos con regularidad hasta que se conviertan en algo natural. Cuanto más practique, más fácil le resultará canalizar a los espíritus de forma eficaz y segura.

La canalización de espíritus es una forma poderosa de conectar con el otro lado y recibir orientación de sus antepasados. La mediumnidad y la canalización de espíritus se diferencian en que la mediumnidad consiste en transmitir mensajes del más allá, mientras que la canalización de espíritus consiste en comunicarse directamente con los espíritus. El chamanismo, el vudú y el espiritismo son tradiciones diferentes que perciben y practican la canalización de espíritus de formas distintas, pero todas tienen en común el estado de trance.

Para canalizar espíritus, primero debe crear un espacio sagrado para usted. Puede ser cualquier lugar de su casa en el que se sienta cómodo y relajado. Asegúrese de eliminar cualquier distracción de este espacio, como teléfonos o televisión. También puede encender algunas velas o incienso para ayudar a crear el ambiente. Una vez que esté en su espacio sagrado, respire profundamente unas cuantas veces y concéntrese en su intención. Visualice a sus antepasados acudiendo a usted y pídales que le guíen. Después, simplemente permítase abrirse y recibir cualquier mensaje que tengan para usted.

Recuerde que no hay una forma correcta o incorrecta de hacer esto. Simplemente déjese llevar por la corriente y confíe en que todo lo que le llegue está destinado a usted. Con un poco de práctica, ¡estará en el buen camino para canalizar a sus antepasados!

Capítulo 7: Canalice a sus guías espirituales

En nuestro viaje por la vida, a menudo podemos sentir que estamos solos en el mundo. Sin embargo, no hay necesidad de sentirse así, ya que todos tenemos guías espirituales que están ahí para ayudarnos. Los guías espirituales son poderosos ayudantes que siempre están con nosotros, aunque no seamos conscientes de su presencia. Pueden asistirnos de muchas maneras, como ayudándonos a encontrar nuestro propósito en la vida, proporcionándonos consuelo en momentos de dificultad y guiándonos cuando más lo necesitamos.

Muchas personas creen en la existencia de los espíritus guía
https://www.pexels.com/photo/person-in-green-long-sleeve-shirt-sitting-on-brown-chair-7182627/

Cuando nos abrimos a la ayuda de nuestros guías espirituales, podemos vivir vidas más plenas y alegres. Este capítulo le enseñará los diferentes tipos de guías espirituales que están disponibles para ayudarle en su viaje. También conocerá algunos ejercicios sencillos de visualización que pueden ayudarle a conectar con ellos. Por último, se le darán consejos sobre cómo canalizar a sus guías espirituales para que pueda recibir su guía más fácilmente.

Guías espirituales

Muchos creen en los guías espirituales, seres invisibles que ofrecen sabiduría, orientación y apoyo. Mientras que algunos creen que a cada uno se nos asigna un único espíritu guía, otros creen que podemos tener múltiples guías, dependiendo de nuestras necesidades. Algunos dicen que sus guías acuden a ellos en sueños o meditación, mientras que otros afirman no haber visto ni oído nunca a sus guías.

Un guía espiritual es una entidad que está aquí para ayudarnos en nuestro viaje por la vida. A menudo se hace referencia a ellos como nuestros ángeles de la guarda, pero pueden adoptar muchas formas diferentes. Los guías espirituales pueden ser animales, plantas o incluso objetos inanimados. También pueden ser seres queridos fallecidos, como un abuelo o un amigo íntimo. Se cree que cada uno de nosotros tiene al menos un guía espiritual, pero podemos tener muchos más.

Tanto si cree en la existencia de los espíritus guía como si no, no se puede negar que dan lugar a historias interesantes. A menudo se dice que los guías son sabios y omniscientes y suelen utilizarse como una fuerza para el bien. Suponga que alguna vez se siente perdido o confuso. En ese caso, valdría la pena considerar la posibilidad de que tenga un guía espiritual que esté intentando ayudarle a encontrar su camino.

Tipos de guías espirituales

Existen muchos tipos diferentes de guías espirituales, cada uno con un papel único que desempeñar en nuestras vidas. Algunos guías pueden ayudarnos a encontrar nuestro propósito, los hay que nos ofrecen consuelo y apoyo, y los hay que nos dan consejos prácticos. Sea cual sea su forma, los guías espirituales pueden ofrecernos orientación, apoyo y protección cuando más lo necesitamos. He aquí algunos de los tipos más comunes de guías espirituales:

1. Ángeles

Los ángeles son seres de luz y amor y a menudo se recurre a ellos para que nos orienten y apoyen en los momentos difíciles. También pueden ayudarnos a conectar con nuestro yo superior y nuestro verdadero propósito en la vida. Aunque todos tenemos ángeles de la guarda que velan por nosotros, también podemos elegir trabajar con otros ángeles que pueden ofrecer tipos específicos de apoyo y orientación. Si se siente llamado a trabajar con un ángel, hay muchas formas de hacerlo. Puede meditar sobre su energía, pedir su ayuda durante la oración o la visualización, o incluso mantener una foto suya cerca como recordatorio de su presencia. Sea cual sea la forma que elija para conectar con ellos, sepa que siempre están aquí para apoyarle y guiarle en su viaje.

2. Animales espirituales

Muchas culturas creen que cada persona tiene un animal espiritual, que es un reflejo de su yo interior. Se cree que la idea de un animal espiritual tiene su origen en los chamanes de la antigüedad, que se comunicaban con los animales para obtener sabiduría y comprensión. Muchas culturas modernas han adoptado este concepto, que ahora se considera una forma de conectar con la naturaleza y el reino animal. La gente suele elegir su animal espiritual basándose en cualidades que admiran o con las que se identifican. Por ejemplo, alguien valiente podría elegir un león como su animal espiritual, mientras que alguien sabio podría elegir un búho. Al conectar con su animal espiritual, la gente espera obtener algunas de las cualidades positivas que posee el animal.

3. Aliados vegetales

En muchas culturas, las plantas se consideran poderosas aliadas y maestras. Durante siglos, los pueblos indígenas han confiado en la medicina vegetal para su curación física y espiritual. Hoy en día, trabajar con los espíritus de las plantas se conoce como "trabajo con aliados de las plantas".

El trabajo con aliados de las plantas puede adoptar muchas formas. Algunas personas trabajan con los espíritus de las plantas para obtener orientación y sabiduría, mientras que otras utilizan la medicina vegetal para curarse. Algunas personas incluso eligen vivir en estrecha relación con las plantas, pasando tiempo en la naturaleza y aprendiendo de las que les rodean.

Hay muchas formas de conectar con los espíritus de las plantas. Una práctica común es pasar tiempo en la naturaleza y simplemente abrirse a recibir orientación de las plantas. También puede intentar hacer preguntas específicas y luego escuchar la respuesta en su corazón. A muchas personas les resulta útil llevar un diario para anotar sus experiencias y percepciones.

Si le interesa trabajar con los espíritus de las plantas, hay muchos recursos disponibles para ayudarle a empezar. Libros, páginas web e incluso cursos en línea pueden introducirle en los fundamentos del trabajo con aliados de las plantas. También puede buscar un maestro o chamán local que pueda guiarle en su viaje. Recuerde que lo más importante es seguir a su corazón y confiar en su intuición.

4. Seres queridos fallecidos

Muchos creen que todos estamos acompañados por guías espirituales a lo largo de nuestra vida. Estos guías pueden adoptar muchas formas diferentes, pero una de las más comunes es la de un ser querido fallecido. Se cree que nuestros seres queridos deciden quedarse con nosotros después de la muerte para ayudarnos en los momentos difíciles y ofrecernos orientación cuando la necesitamos. Algunas personas dicen haber recibido orientación de un ser querido fallecido en sueños o visiones, mientras que otras afirman haber oído su voz durante la meditación o en momentos de claridad. Aunque no existen pruebas científicas de la existencia de los guías espirituales, la creencia proporciona consuelo y esperanza a muchas personas. Tanto si cree en los espíritus guía como si no, está claro que la idea de que un ser querido fallecido vele por usted puede ser una fuente de gran consuelo.

5. Maestros Ascendidos

Los Maestros Ascendidos son uno de los tipos de guías espirituales más conocidos. Se trata de seres que han alcanzado un alto nivel de desarrollo espiritual y que ahora sirven como mentores y maestros para los que aun estamos en nuestro viaje espiritual. Pueden adoptar muchas formas diferentes y a menudo se nos aparecen en nuestros sueños o meditaciones. Están aquí para ayudarnos a aprender, crecer y desarrollar nuestros dones espirituales. Si se siente llamado a trabajar con un Maestro Ascendido, sepa que una fuerza poderosa le está guiando para bien. Confíe en su intuición y siga a su corazón. Se le está guiando en la dirección correcta.

Ejercicios de visualización

Si está buscando conectar con su guía espiritual, una de las mejores cosas que puede hacer es simplemente cerrar los ojos y visualizar. Imagínese a su guía en cualquier forma que adopte: humana, animal o incluso una bola de luz. Véalos de pie o flotando junto a usted, e imagínese extendiendo la mano para tocarlos. Mientras se concentra en esta imagen, vea si le viene a la mente algún sentimiento o impresión. ¿Tienen algún mensaje para usted? ¿Están intentando mostrarle algo?

Deje que lo que le venga fluya libremente y no intente forzar nada. Recuerde, el objetivo es simplemente relajarse y abrirse a recibir orientación de su guía espiritual. Con un poco de práctica, debería ser capaz de conectar con ellos en cualquier momento y lugar. Aquí tiene diferentes formas de trabajar con su guía espiritual, dependiendo de la forma que adopte:

1. Conectar con sus ángeles

Imagínese en un hermoso prado rodeado de animales amistosos. El sol brilla y la brisa es suave. Se siente seguro y querido. Mientras mira a su alrededor, ve a dos seres angelicales de pie junto a usted. Irradian amor y luz y están aquí para protegerle y apoyarle. Escuche lo que tienen que decirle. ¿Qué le dicen sobre su Propósito de vida? ¿Sobre qué le ofrecen orientación? Agradézcales su ayuda y luego déjelos marchar.

Vuelva al momento presente y tómese un tiempo para escribir un diario sobre su experiencia. ¿Qué sintió al conectar con sus ángeles? ¿Qué sabiduría compartieron con usted? Permita que este ejercicio de visualización profundice en su comprensión de su relación con el reino divino.

2. Conectar con su animal espiritual

Cierre los ojos y respire profundamente unas cuantas veces. Imagínese en un campo de hierba alta. El sol brilla y sopla la brisa. Ve un camino delante de usted y comienza a caminar por él. Mientras lo hace, se fija en una hermosa criatura que se encuentra a lo lejos. Es su animal espiritual. Al acercarse, el animal sale a su encuentro. Le mira a los ojos y le acaricia la mano. Siente una sensación de paz y conexión con esta criatura. Pasan un rato juntos y luego el animal huye en la distancia. Mientras lo ve alejarse, se siente renovado y animado. Este es su animal espiritual, y siempre está con usted, guiándole y apoyándole en su viaje por la vida.

3. Conectar con un ser querido fallecido

Puede resultar difícil afrontar la pérdida de un ser querido. Aunque sepamos que ya no sufren, puede ser difícil dejarles marchar. Una forma de facilitar el proceso de duelo es mediante ejercicios de visualización. Conectar con un ser querido fallecido a través de la visualización puede crear una sensación de cierre y paz.

Para empezar, busque un lugar cómodo para sentarse o tumbarse. Cierre los ojos y respire profundamente unas cuantas veces. Una vez que se sienta relajado, imagine a su ser querido en el ojo de su mente. Pueden aparecer como lo hicieron en vida o venir a usted de una forma diferente. Permítase pasar algún tiempo simplemente disfrutando de su compañía. A continuación, hágale cualquiera de las preguntas que ha estado arrastrando desde su muerte. Quizá quiera preguntarles sobre su experiencia al morir, qué ven ahora o qué mensaje les gustaría compartir con usted. Escuche atentamente sus respuestas y confíe en que todo lo que le digan es para usted y le ayudará a sanar. Por último, despídase de ellos y permítales que se vayan. Agradézcales que hayan venido a visitarle.

Cuando haya terminado, tómese unos minutos para escribir un diario sobre su experiencia. ¿Qué vio? ¿Qué le dijo su ser querido? ¿Cómo se siente ahora? Permítase procesar lo que le surja, sabiendo que cada vez que conecte con su ser querido de esta manera, le resultará más fácil y natural.

4. Conectando con los Maestros Ascendidos

Mientras cierra los ojos y empieza a relajarse, respire profundamente unas cuantas veces y deje que su mente divague. Imagínese en un hermoso jardín, rodeado de cielo azul y nubes blancas. En el centro del jardín hay un gran árbol, y sentado en la base del árbol hay un Maestro Ascendido. Este ser de luz es benevolente y sabio, y está aquí para ayudarle en su viaje.

Cuando se acerca, el Maestro Ascendido sonríe y le abre los brazos. Usted siente una sensación de paz y amor mientras los abraza. A continuación, formule al Maestro Ascendido cualquier pregunta que le ronde por la cabeza. Escuche atentamente su respuesta y confíe en que le están guiando en la dirección correcta. Agradézcales su tiempo y, a continuación, abra lentamente los ojos y vuelva al momento presente. Respire profundamente unas cuantas veces, y sepa que siempre está conectado con los Maestros Ascendidos.

5. Conectarse con un aliado vegetal

Las plantas son seres vivos y están aquí para ayudarnos en nuestro viaje por la vida. Cuando conectamos con ellas en un espíritu de amor y respeto, pueden enseñarnos muchas cosas. Para conectar con una planta aliada, busque un lugar cómodo para sentarse o tumbarse. Cierre los ojos y respire profundamente unas cuantas veces. Imagínese en un hermoso prado rodeado de flores silvestres. A lo lejos, ve un árbol que le llama.

Al acercarse, nota que el árbol brilla con una suave luz. Alarga la mano y la coloca sobre el tronco del árbol, y siente una profunda conexión con este ser. Formule al árbol cualquier pregunta que tenga en mente, y luego escuche atentamente la respuesta. Agradezca al árbol su tiempo y, a continuación, abra lentamente los ojos y vuelva al momento presente. Respire profundamente unas cuantas veces y sepa que siempre está conectado con el reino vegetal.

Cómo canalizar a sus guías espirituales

Todos tenemos guías espirituales, esos ayudantes invisibles que nos ofrecen orientación y apoyo en nuestro viaje vital. Por desgracia, muchos de nosotros no estamos sintonizados con su presencia y su sabiduría. Si busca conectar con sus guías, puede hacer algunas cosas para canalizar su energía.

1. Meditación

Canalizar a sus guías espirituales puede proporcionarle una visión y una orientación inestimables. Una de las mejores formas de conectar con sus guías es a través de la meditación. Antes de empezar, busque un lugar cómodo para sentarse o tumbarse. Cierre los ojos y respire profundamente unas cuantas veces. Una vez que se sienta relajado, empiece a centrarse en su respiración. Exhale lentamente y, mientras lo hace, visualice una luz blanca que emana de su corazón. Esta luz le ayudará a enraizarse y a protegerse mientras se abre a las energías del Universo.

A continuación, imagine un cordón dorado que conecta su corazón con la fuente infinita de amor y luz. Respire profundamente unas cuantas veces y permítase llenarse de esta energía divina. Cuando esté preparada, empiece a pedir a sus guías orientación o claridad sobre un asunto concreto. Esté abierto a recibir cualquier mensaje que le llegue, ya sea en forma de imágenes, palabras o sentimientos. Cuando haya terminado de meditar, tómese unos minutos para escribir un diario sobre su experiencia. No se preocupe si al principio no recibió ningún mensaje claro. A veces puede hacer falta un poco de práctica para canalizar a sus guías. Con tiempo y paciencia, podrá conectar con ellos siempre que necesite su guía.

2. Escritura automática

Canalizar a sus guías espirituales puede ser una forma estupenda de recibir orientación y claridad sobre el camino de su vida. Otra forma de comunicarse con sus guías es la escritura automática. Es una forma de canalización en la que permite que los pensamientos y las palabras de sus guías espirituales fluyan a través de usted y lleguen a la página. Para practicar la escritura automática, busque un lugar tranquilo donde no le interrumpan. Siéntese con un bolígrafo y un papel, y respire profundamente unas cuantas veces para relajar la mente y el cuerpo. A continuación, simplemente deje que su mano se mueva por el papel, escribiendo cualquier palabra o pensamiento que surja de forma natural de su mano... Confíe en que todo lo que escriba proviene de un lugar de amor y guía, y esté abierto a recibir cualquier mensaje que sus guías tengan para usted.

3. Psicometría

La psicometría es una habilidad psíquica que permite a las personas recibir información sobre un objeto o una persona con solo tocarlo. Se cree que todo el mundo puede utilizar la psicometría, pero algunas personas están más sintonizadas con ella que otras. Para probarla por sí mismo, todo lo que necesita es un objeto que pertenezca a la persona con la que desea conectar. Una vez que tenga el objeto, sosténgalo en sus manos y concéntrese en él. Mientras lo hace, intente despejar su mente y abrirse a cualquier impresión o mensaje que le llegue. Puede que experimente visiones, oiga voces o simplemente perciba la energía de la persona. No hay una forma correcta o incorrecta de hacerlo, así que opte por lo que le resulte más natural. Con un poco de práctica, debería ser capaz de utilizar la psicometría para conectar con sus guías espirituales y recibir la orientación que busca.

4. Adivinación

La adivinación es una buena forma de empezar si siente curiosidad por conectar con sus guías espirituales. La adivinación es la práctica de utilizar herramientas como las cartas del tarot, las bolas de cristal o las runas para obtener información sobre el futuro o para recibir orientación de los propios guías espirituales. Aunque algunas personas ven la adivinación como una forma de predecir el futuro, también puede utilizarse como una herramienta para la autoexploración y el crecimiento. Si está interesado en probar la adivinación, hay muchas técnicas diferentes entre las que elegir. Algunos métodos populares incluyen la lectura del tarot, el lanzamiento de runas y la adivinación. A la hora de elegir un método, es importante que opte por lo que le resulte más adecuado. Confíe en su intuición y deje que sus guías espirituales le guíen hacia el método de adivinación más adecuado para usted.

5. Soñar

Los sueños son una forma que tiene nuestra mente subconsciente de comunicarse con nosotros, y pueden ser herramientas poderosas para el autodescubrimiento. Para canalizar a sus guías espirituales a través de los sueños, empiece por llevar un diario de sueños. Anote sus sueños nada más despertarse, incluyendo tantos detalles como le sea posible. A continuación, empiece a fijarse en cualquier patrón que surja. ¿Hay ciertos símbolos o mensajes que siguen apareciendo? Pueden ser señales de sus guías espirituales. Preste atención a sus sentimientos y a su intuición cuando interprete sus sueños, ya que así es como sus guías se comunicarán con usted. Con un poco de práctica, podrá canalizar a sus guías espirituales a través del sueño y recibir la orientación que necesita.

Los guías espirituales son poderosos aliados que pueden ofrecerle orientación y apoyo en su viaje espiritual. Puede tratarse de un ángel de la guarda, un aliado vegetal, un guía animal o cualquier otro tipo de ser divino con el que sienta una conexión. Si le interesa conectar con sus guías espirituales, puede utilizar muchas técnicas diferentes. Algunos métodos populares incluyen la canalización en trance, la escritura automática, la psicometría, la adivinación y el sueño. Confíe en su intuición y déjese guiar por sus guías espirituales hacia el método que más le convenga. Mantenga la mente abierta y confíe en cualquier mensaje que reciba. Con un poco de práctica, podrá conectar con sus guías espirituales y recibir la orientación que busca.

Capítulo 8: Limpieza y protección de sí mismo

Como médium, es crucial que se mantenga limpio a sí mismo y a su entorno. Una limpieza regular elimina cualquier negatividad que pueda haber recogido del trabajo espiritual y le protege de apegos no deseados. Hay muchas formas diferentes de limpiarse a sí mismo y a su hogar, así que elija el método que le parezca más adecuado. Puede que le apetezca quemar salvia o palo santo, utilizar cristales o palos para difuminar, o simplemente darse un baño de sal. Recuerde que la limpieza es un proceso continuo, así que límpiese usted y su espacio con regularidad.

Es crucial limpiarse antes y después de cada sesión de espiritismo o lectura
https://www.pexels.com/photo/photo-of-sage-beside-rose-quartz-4040591/

Este capítulo le enseñará la importancia de la limpieza, los diferentes métodos y cómo realizar varios rituales de limpieza. También aprenderá sobre los rituales de destierro, que eliminan la energía negativa, las maldiciones o las entidades de su hogar. Al final de este capítulo, estará equipado con los conocimientos necesarios para mantenerse a sí mismo y a su entorno seguros y limpios.

Importancia de la limpieza

La limpieza es una parte esencial de ser médium. A medida que se abre al mundo espiritual, se vuelve más susceptible a captar energía negativa. Esto puede provocar problemas como ataques psíquicos, posesión e incluso depresión. Limpiarse y limpiar su entorno con regularidad le ayudará a protegerse de estas energías negativas y apegos. Limpiarse antes y después de cada sesión de espiritismo o lectura también es crucial, ya que le ayudará a eliminar cualquier energía no deseada que haya podido captar durante la sesión.

1. Ayuda a eliminar la negatividad

La limpieza elimina cualquier energía no deseada que pueda haberse adherido a usted y promueve el equilibrio y la armonía dentro de su campo energético. Hay varias formas diferentes de limpiarse, pero una de las más eficaces es utilizar cristales. Los cristales pueden ayudar a absorber y liberar las energías negativas, y también pueden ayudar a promover una sensación de calma y bienestar. Si desea limpiarse con regularidad, merece la pena considerar el uso de cristales.

2. Le protegen de los ataques psíquicos

Hay varias formas diferentes de limpiarse. Una es utilizar salvia o madera de Palo Santo. Basta con sostener la madera en la mano y mancharse con ella, empezando por la cabeza y bajando hasta los pies. También puede limpiarse con cristales. Coloque algunas piedras sobre su cuerpo y deje que su energía fluya a través de usted. Otra opción es darse un baño de sal. Añada un poco de sal del Himalaya o sal de Epsom al agua de su bañera y relájese durante 20 minutos. Mientras se remoja, visualice que el agua limpia su aura y lava cualquier negatividad. Al limpiarse con regularidad, se mantendrá protegido de los ataques psíquicos y mantendrá un campo energético saludable.

3. Reduce el riesgo de apego

La mediumnidad puede ser una experiencia gratificante y que cambia la vida, pero también conlleva algunos riesgos inherentes. Uno de los riesgos más comunes es el apego - cuando el espíritu de un individuo fallecido comienza a apegarse al médium. Esto puede ser perjudicial para ambas partes, ya que puede impedir al médium seguir adelante y vivir su vida. La limpieza es una forma de reducir el riesgo de apego, ya que ayuda a despejar cualquier energía residual que se aferre al médium. Hay muchas formas diferentes de limpiarse, pero algunos métodos comunes incluyen el emborronamiento con salvia, la limpieza con cristales y los baños sagrados. Dedicar tiempo a la limpieza después de cada sesión de mediumnidad puede ayudar a reducir el riesgo de apego y a mantenerse sano y equilibrado.

4. Puede ayudarle a desarrollar sus habilidades

La limpieza puede despejar cualquier energía negativa que pueda estar aferrándose a usted, y también puede ayudarle a elevar su vibración. Esto, a su vez, puede facilitarle la conexión con los espíritus Guías y los seres queridos que han fallecido. Cuando esté libre de energía negativa, podrá centrarse más claramente en sus habilidades como médium y desarrollarlas más rápidamente. Cuanto más practique, mejor se volverá para conectar con el otro lado.

5. Protege de la posesión y la depresión

Una de las cosas más vitales que puede hacer como médium es limpiarse regularmente. Esto no solo eliminará cualquier energía negativa que pueda haber recogido, sino que también le protegerá de la posesión y le ayudará a mantenerse conectado a tierra y con sus guías. Algunas de las mejores formas de limpiarse son la limpieza con salvia, la limpieza con cristales y los baños de sal. Si se limpia con regularidad, podrá mantenerse segura y sana y desarrollar más rápidamente sus habilidades como médium.

Métodos de limpieza

Aunque cada médium tendrá su método preferido de limpieza, hay algunos que se utilizan con más frecuencia. He aquí algunos de los más populares:

1. Smudging

El smudging es una forma ceremonial de limpiar y purificar un espacio o una persona con el humo de hierbas secas específicas. Algunas de las hierbas más populares para el sahumerio son la salvia, la hierba dulce y el cedro. A la hora de hacer el smudging, es crucial fijar su intención. Por ejemplo, puede que desee limpiar su espacio de energía negativa o atraer energía positiva. Una vez fijada su intención, encienda la hierba y deje que arda. Pase el humo alrededor de su cuerpo o espacio utilizando la mano o una pluma. Empiece por los pies y suba hasta la cabeza. Mientras lo hace, visualice que el humo se lleva cualquier energía negativa. Una vez que se haya limpiado o haya limpiado su espacio, apague la hierba y agradézcale su servicio.

2. Visualización

Un método que puede ser especialmente eficaz para la limpieza es la visualización. Consiste en imaginarse rodeado de luz blanca o de cualquier otro tipo de luz por la que se sienta atraído. Mientras imagina la luz rodeándole, visualícela limpiando su aura y lavando cualquier negatividad. También puede visualizar la luz entrando en su cuerpo y llenándole de energía positiva.

Para visualizarla, simplemente cierre los ojos e imagine una luz blanca rodeando su cuerpo. Esta luz le ayudará a limpiar su campo energético y a eliminar cualquier energía negativa o no deseada. Visualice la luz subiendo y bajando por su cuerpo, empezando por los pies y subiendo hasta la cabeza. Respire profundamente unas cuantas veces y permítase relajarse en la visualización. Cuando sienta que se ha limpiado por completo, puede abrir los ojos y reanudar su trabajo.

3. Reiki

El reiki es un método de curación natural que puede utilizarse para limpiar y equilibrar los sistemas energéticos del cuerpo. Se basa en la creencia de que una energía vital invisible rodea los cuerpos. Cuando esta energía está en equilibrio, estamos sanos y bien. El reiki funciona canalizando esta energía vital en el cuerpo a través de las manos de un practicante entrenado. Esto rompe cualquier bloqueo o desequilibrio en el flujo de energía, permitiendo que el cuerpo se cure a sí mismo. El Reiki es una forma suave y eficaz de limpiar el cuerpo y promover la curación, y puede utilizarse tanto en personas como en animales. Si está interesado en probar el Reiki, muchos practicantes cualificados estarán encantados de ayudarle a experimentar sus beneficios.

4. Cristales

Como médium, es crucial mantener su campo energético limpio y libre de apegos negativos. Hay muchas formas de hacerlo, pero la limpieza con cristales es una de las más eficaces. Pueden ayudarle a eliminar la energía negativa de su campo áurico, así como a protegerse de nuevos ataques psíquicos. Al seleccionar los cristales para la limpieza, elija aquellos que resuenen con su campo energético. Algunos de los cristales más populares para la limpieza son la amatista, la turmalina negra y la selenita. Estas piedras pueden utilizarse de varias formas, como colocándolas sobre su cuerpo durante la meditación o llevándolas como joyas. Sea cual sea el modo en que decida utilizarlos, incorporar cristales de limpieza a su práctica de la mediumnidad puede ayudarle a asegurarse de que opera desde un lugar de pureza y luz.

5. Sanación por el sonido

La sanación con sonido es un método de limpieza para médiums que utiliza ondas sonoras para limpiar y equilibrar la energía de su espacio. Se dice que este tipo de limpieza es especialmente eficaz para eliminar la energía negativa y promover la curación física y emocional. La sanación con sonido puede utilizarse de diversas maneras, como por ejemplo mediante el uso de cuencos tibetanos, campanillas o gongs. También puede hacerse simplemente escuchando música o sonidos calmantes.

Para utilizar la sanación con sonido para la limpieza, simplemente encuentre un lugar cómodo para sentarse o tumbarse. Cierre los ojos y empiece a concentrarse en su respiración. Mientras inspira y espira, deje que el sonido de la música o de los instrumentos le invada. Visualice las ondas sonoras entrando en su cuerpo y limpiando su aura. Continúe respirando profundamente y concentrándose en el sonido hasta que sienta que se ha limpiado por completo.

Rituales de limpieza

Como médium, es vital limpiar regularmente su campo energético para mantener su capacidad psíquica. La negatividad puede acumularse con el tiempo y es esencial liberar esta energía con regularidad. Hay muchas formas diferentes de limpiar su energía, y puede elegir el método o métodos que mejor funcionen para usted. Algunas personas prefieren hacer un ritual de limpieza de todo el cuerpo a diario, mientras que otras quizá solo lo hagan una vez a la semana más o menos. Escuche a su cuerpo y a su intuición para determinar qué es lo mejor para usted. No obstante, he aquí algunos rituales de limpieza populares que quizá quiera probar:

1. Limpieza de luna llena

Las limpiezas de luna llena son una forma estupenda de liberar viejas energías y dejar espacio para nuevos comienzos. Un ritual de limpieza de luna llena puede realizarse en solitario o con un grupo de otros médiums.

Para empezar, siéntese o póngase de pie formando un círculo. Si utiliza velas, colóquelas en el centro del círculo. Respire profundamente unas cuantas veces y concéntrese en su intención para la limpieza. A continuación, cada persona del círculo debe decir en voz alta una cosa que le gustaría soltar. Puede ser cualquier cosa que ya no le sirva, como una emoción o creencia negativa.

Una vez que todos hayan hablado, tómese unos minutos para meditar sobre lo que está soltando. Cuando esté preparado, comience la limpieza visualizando la luz blanca entrando en su cuerpo y expulsando cualquier negatividad. También puede utilizar salvia o palo santo para limpiar su campo energético. Continúe hasta que se sienta limpio y equilibrado.

2. Limpieza de luna nueva

Una limpieza de luna nueva es similar a una limpieza de luna llena. Sin embargo, se centra en establecer las intenciones futuras en lugar de liberar la vieja energía. Puede hacerse de varias maneras, pero algunos pasos básicos incluyen: limpiar su casa de energía negativa, establecer intenciones para el mes que comienza y limpiar su cuerpo y su mente. Para limpiar su casa, puede emborronarse con salvia o palo santo, utilizar un espray energético o simplemente abrir todas las puertas y ventanas para que entre aire fresco.

Una vez que su casa esté limpia, puede establecer sus intenciones escribiéndolas en un papel o creando un tablero de visiones. Por último, limpie su cuerpo y su mente dándose un baño de sales, bebiendo mucha agua y meditando. Realizar este ritual al principio de cada mes le ayudará a mantener su energía limpia y alineada con su yo más elevado.

3. Limpieza de eclipse solar

Un eclipse solar es un momento ideal para limpiar su campo energético, ya que el aumento de las energías puede ayudar a liberar cualquier pesadez o negatividad que pueda estar arrastrando. Hay muchas formas diferentes de realizar una limpieza de eclipse solar. Un método sencillo es tomar un baño de agua salada utilizando sales de Epsom o sal marina. También puede añadir unas gotas de aceite de lavanda para ayudar a promover la relajación y la paz.

Mientras se da el baño, imagine que el agua se lleva cualquier energía no deseada, dejándole una sensación de frescor y rejuvenecimiento. Cuando termine, asegúrese de beber mucha agua para ayudar a eliminar cualquier toxina de su sistema. Los rituales de limpieza regulares como este pueden ayudar a garantizar que su campo energético esté despejado y fluya libremente.

4. Limpieza de eclipse lunar

Un eclipse lunar es otro momento poderoso para limpiar su campo energético. Esto se puede hacer de forma similar a una limpieza de eclipse solar - pero con algunos ajustes para adaptarse a las energías de la luna. Por ejemplo, puede añadir a sus baños algunas hierbas asociadas a la luna, como el jazmín o la manzanilla. También puede añadir unas gotas de aceite de piedra lunar al agua de su baño. Esta piedra es especialmente útil para liberar emociones y traumas del pasado. Al igual que con un eclipse solar, imagine que el agua lava cualquier energía negativa, dejándole una sensación de ligereza y luminosidad. Cuando haya terminado, asegúrese de beber mucha agua para ayudar a eliminar cualquier toxina de su sistema.

5. Limpieza de equinoccio

Con el cambio de estación, puede ser un buen momento para limpiar su cuerpo, mente y espíritu. Una forma de hacerlo es a través de un ritual de limpieza. Existen muchos tipos diferentes de rituales de limpieza, pero uno especialmente adecuado para los médiums es una limpieza de equinoccio. Este tipo de limpieza ayuda a realinear su energía con las energías cambiantes de la Tierra. Para realizarla, necesitará un cuenco de agua salada, una vela blanca y un trozo de cristal de cuarzo.

Comience encendiendo la vela y colocándola frente a usted. A continuación, sujete el cristal de cuarzo con la mano izquierda y sumérjalo en el agua salada. Mientras lo hace, visualice cómo se lava la negatividad de su vida. A continuación, respire profundamente y suéltelo lentamente. Repita este proceso tres veces. Por último, apague la vela y deje que el cristal de cuarzo se seque al aire. Mientras realiza este ritual de limpieza, debería sentir que su energía cambia y se alinea con los ritmos naturales de la Tierra.

6. Limpieza del solsticio

Diciembre es un mes lleno de fiestas y celebraciones. Para muchas personas, es el momento de reflexionar sobre el año pasado y establecer su intención para el año venidero. También es una época en la que el velo entre los mundos espiritual y físico es más fino. Por ello, diciembre es el momento ideal para que los médiums realicen un ritual de limpieza. La limpieza del solsticio es un ritual sencillo pero poderoso que puede ayudarle a despejar cualquier energía no deseada y prepararle para el año que comienza.

Para empezar, encienda una vela blanca y diga: "Libero todo lo que ya no me sirve. Doy la bienvenida solo a aquello que es para mi mayor bien". A continuación, respire profundamente unas cuantas veces e imagínese rodeada de luz blanca. Visualice que la luz limpia su aura de cualquier energía negativa. A continuación, sostenga cada uno de sus cristales en la llama de la vela durante unos segundos, diciendo: "Los limpio de toda negatividad". Por último, entierre sus cristales en la tierra durante la noche, liberando así cualquier resto de energía no deseada. Al realizar este ritual de limpieza, ayudará a crear un espacio para que la energía positiva fluya en su vida.

Rituales de destierro

Los rituales de destierro son una parte necesaria de ser médium. Como médium, está constantemente rodeado de espíritus buenos y malos. Es esencial mantener alejados a los malos espíritus para que no influyan en su trabajo ni dañen a los que le rodean. Hay muchos rituales de destierro diferentes que puede utilizar, pero lo más importante es que se sienta cómodo con el ritual y que funcione para usted. Algunas personas prefieren utilizar sal o agua bendita, mientras que otras recurren a rituales más elaborados que implican velas y conjuros. En última instancia, la elección depende de usted. Solo recuerde que los rituales de destierro son vitales para ser un médium responsable.

1. Ritual de destierro para la energía negativa

Existen ciertos rituales de destierro que puede realizar para limpiar su espacio y deshacerse de cualquier energía no deseada. Un método sencillo pero eficaz es emborronar su casa con salvia. Esto ayudará a limpiar el aire y a crear una vibración más positiva. También puede probar a utilizar cristales como la selenita o la turmalina negra para absorber la energía negativa. Si se encuentra regularmente rodeado de influencias negativas, puede que sea el momento de tomarse un descanso de la mediumnidad y centrarse en elevar su vibración. Al hacer esto, estará mejor equipado para manejar cualquier negatividad que se le presente.

2. Ritual de destierro para una maldición o maleficio

Suponga que sospecha que usted o alguien que conoce ha sido maldecido o embrujado por un espíritu malicioso. En ese caso, puede tomar medidas para desterrar la energía negativa y protegerse de males mayores. En primer lugar, comprenda que las maldiciones y los maleficios son una parte muy real del mundo espiritual y no deben tomarse a la ligera. Si cree que puede haber sido víctima de una maldición, primero debe buscar la ayuda de un médium o vidente que pueda evaluar la situación e identificar la fuente de la maldición.

Una vez identificada la fuente, la médium trabajará con usted para realizar un ritual de destierro. Este suele consistir en limpiar la zona con humo de salvia o agua bendita y, a continuación, utilizar poderosas técnicas de visualización para expulsar la energía negativa. Con la ayuda de una médium experta, desterrar maldiciones y maleficios es relativamente sencillo, pero siempre es mejor ser precavido y tomar precauciones para protegerse de estas fuerzas oscuras.

3. Ritual de destierro para fantasmas, espíritus y entidades

Suponga que trata regularmente con fantasmas, espíritus o entidades. En ese caso, es fundamental disponer de un ritual de destierro fiable que pueda utilizar para alejarlos. Este ritual debe realizarse siempre que sienta que le sigue o le vigila una presencia no deseada. Para empezar, encienda una vela blanca y diga: "Te destierro de este espacio. No eres bienvenido aquí". A continuación, trace con los dedos un círculo alrededor de la vela tres veces en el sentido de las agujas del reloj. Mientras lo hace, visualice que se forma una barrera protectora a su alrededor. Por último, apague la vela y diga "Te libero de este espacio. Eres libre de irte". Este ritual de destierro limpiará su espacio y le protegerá de cualquier entidad no deseada.

Los rituales de limpieza y destierro son una parte necesaria de ser médium. Estos rituales también crearán una vibración más positiva en su espacio, beneficiándole a usted y a los que le rodean. Este capítulo le ha proporcionado una visión general de algunos rituales básicos de limpieza y destierro que puede utilizar para protegerse. Recuerde que lo más importante es encontrar un método que funcione para usted y con el que se sienta cómodo. Con la ayuda de estos rituales de limpieza y destierro, podrá mantenerse a salvo y protegido de cualquier influencia negativa.

Capítulo 9: El poder de la adivinación

La adivinación es una práctica antigua que se ha utilizado durante siglos para obtener perspicacia y conocimiento. Se ha utilizado para todo, desde la adivinación y la predicción de la suerte hasta la comunicación con los espíritus y la obtención de guía espiritual. Aunque se desconocen los orígenes exactos de la adivinación, se cree que se remonta al menos a los primeros egipcios, que utilizaban espejos de obsidiana pulida para adivinar.

El escrutinio es una práctica antigua que se ha utilizado durante siglos para obtener perspicacia y conocimiento

https://www.pexels.com/photo/crop-soothsayer-predicting-fate-with-magic-ball-at-home-4790577/

Hoy en día, muchas personas en todo el mundo siguen practicando la adivinación, que creen en su poder para ofrecer percepciones y conocimientos que pueden ser difíciles de obtener por otros medios. Tanto si busca respuestas a las grandes preguntas de la vida como si simplemente busca la guía de su yo superior, puede que merezca la pena intentarlo. Este capítulo le enseñará todo lo que necesita saber sobre la prestidigitación, desde los distintos tipos hasta cómo interpretar sus visiones.

Definición de Adivinación

La prestidigitación es una práctica que se ha utilizado durante siglos para adivinar y predecir el futuro. La palabra "scrying" procede del inglés antiguo "descry", que significa "revelar". La adivinación se suele realizar mirando una bola de cristal, un espejo, un cuenco de agua o cualquier otra superficie reflectante. Al contemplar la superficie, es posible que aparezcan imágenes ante sus ojos. Estas imágenes pueden interpretarse de muchas maneras, dependiendo de la persona que realice la adivinación.

Algunas personas creen que las imágenes son premoniciones de acontecimientos futuros, mientras que otras creen que son símbolos que deben interpretarse. La adivinación es una práctica profundamente personal, y no hay una forma correcta o incorrecta de hacerla. Tanto si utiliza un método tradicional como la observación de la bola de cristal o algo más singular como la lectura de las hojas de té, lo importante es relajarse y dejar que su mente se abra a cualquier mensaje que pueda llegarle.

Hay muchas formas diferentes de hacer la búsqueda y cada persona puede tener sus preferencias. Algunos métodos comunes incluyen el uso de una bola de cristal, un charco de agua, un espejo o una llama. Al realizar la adivinación, es importante entrar en un estado mental relajado para permitir que lleguen los mensajes del otro lado. Una vez que haya entrado en un estado meditativo, puede empezar a centrarse en su pregunta o intención. La respuesta puede llegar en forma de símbolos, imágenes o palabras. La adivinación puede ser una forma eficaz de recibir orientación del otro lado y conectar con su intuición. Con la práctica, cualquiera puede aprender a freír.

Prestidigitación con bola de cristal

La adivinación es un arte antiguo que consiste en mirar una superficie reflectante para inducir un estado de trance. Las bolas de cristal se han utilizado para la adivinación al menos desde el siglo XVI y siguen siendo populares entre los practicantes modernos. Existen varias formas de utilizar una bola de cristal para adivinar. Un método consiste simplemente en mirar dentro de la bola y dejar que su mente divague. Otra forma consiste en formular una pregunta y esperar a que aparezca una imagen o un símbolo en la bola. A algunas personas también les gusta encender velas o incienso y crear una atmósfera relajante antes de realizar la adivinación. Sea cual sea el método que elija, recuerde que lo más importante es relajarse y dejarse guiar por su intuición.

Ventajas y desventajas

El escrutinio es una de las formas más antiguas y populares de adivinación, con raíces en culturas antiguas como Egipto, Grecia y China. El método puede utilizarse con fines de navegación, para encontrar objetos perdidos o incluso para comunicarse con los espíritus. Aunque muchas personas creen que el scrying es una herramienta poderosa para conocer el futuro, esta forma de adivinación también tiene algunas desventajas. Una de las desventajas es que puede resultar difícil interpretar las imágenes que se ven en la bola de cristal. Esto significa que la adivinación a veces puede resultar más frustrante que útil. Además, como la adivinación requiere mucha concentración, puede ser agotadora tanto para el cuerpo como para la mente. Por estas razones, es importante sopesar los pros y los contras de la prestidigitación antes de decidirse a probarla.

Instrucciones paso a paso

Si nunca antes ha probado la técnica del escrutinio, puede parecer una tarea desalentadora. Sin embargo, con un poco de práctica, cualquiera puede aprender.

1. Encuentre un lugar tranquilo y cómodo donde no le interrumpan. Asegúrese de que la zona está bien iluminada para poder ver la bola de cristal.
2. Siéntese en una postura cómoda y sostenga la bola de cristal entre las manos. Cierre los ojos y respire profundamente unas cuantas veces.
3. Cuando esté preparado, abra los ojos y contemple la bola de cristal. Deje que su mente divague y vea qué imágenes aparecen.
4. Si tiene alguna pregunta a la que le gustaría encontrar respuesta, concéntrese en ella mientras mira dentro de la bola.

5. Una vez que haya terminado de escrutar, reflexione sobre lo que vio durante unos instantes. Anote cualquier impresión o imagen que haya visto en un diario para futuras consultas.

Adivinación con fuego

La adivinación con fuego es una técnica que se ha utilizado durante siglos como medio de adivinación y adivinación. La adivinación con fuego utiliza el fuego como punto focal. El acto de escrutar consiste en mirar fijamente a un fuego para inducir un estado de trance, durante el cual se pueden recibir visiones y mensajes. Puede ser una forma eficaz de recibir orientación de su yo superior o de sus guías espirituales. Es un método sencillo pero poderoso para aprovechar su intuición y acceder a conocimientos ocultos. Pruébelo la próxima vez que necesite claridad u orientación.

Ventajas y desventajas

Muchas personas consideran que la adivinación con fuego es una forma eficaz de obtener claridad y conocimientos sobre sus vidas. Sin embargo, esta práctica también presenta algunos inconvenientes potenciales. Una de las desventajas de la prestidigitación con fuego es que puede resultar muy dura para los ojos, por lo que es fundamental hacer descansos frecuentes para evitar la fatiga visual. Además, algunas personas consideran que el parpadeo de las llamas les distrae o incluso les inquieta. Por último, dado que la adivinación con fuego requiere una concentración tan intensa, es importante estar en un lugar tranquilo y seguro donde no le interrumpan. A pesar de estos posibles inconvenientes, este tipo puede ser una herramienta poderosa para quienes sepan utilizarla con eficacia.

Instrucciones paso a paso

Si nunca ha probado la adivinación con fuego, aquí tiene unas sencillas instrucciones para empezar.

1. Encuentre un lugar tranquilo y seguro donde pueda encender un pequeño fuego. También necesitará un cuenco o caldero de metal para colocar el fuego.
2. Una vez que tenga todo lo que necesita, encienda un pequeño fuego en el cuenco o caldero. Deje que las llamas ardan durante unos minutos hasta que se estabilicen.
3. Siéntese frente al fuego y contemple las llamas. Relaje la mente y el cuerpo y deje que sus pensamientos fluyan libremente.

4. Al cabo de unos minutos, es posible que empiece a ver imágenes o a recibir mensajes en forma de impresiones mentales. Anote las impresiones que reciba en un diario para poder consultarlas en el futuro.

Adivinación con agua

La adivinación con agua es una práctica muy antigua. También conocida como observación de cristales, consiste en mirar fijamente un cuenco de agua para revelar mensajes o visiones ocultas. Aunque la práctica pueda parecer sencilla, requiere atención y concentración para funcionar. Mucha gente cree que la adivinación con agua es una poderosa herramienta de adivinación y se ha utilizado durante siglos para ayudar a la gente a tomar decisiones importantes. Si está interesado en probar la adivinación con agua, todo lo que necesita es un cuenco con agua limpia y un lugar tranquilo para concentrarse. Puede que no vea nada de inmediato, pero con paciencia y práctica, puede que se sorprenda de lo que puede ver.

Ventajas y desventajas

La adivinación con agua es una forma de adivinación que consiste en mirar dentro de un cuenco de agua para obtener información sobre el futuro. Algunas personas creen que la adivinación con agua es más precisa que otras formas de adivinación porque el agua es un elemento natural que está conectado con toda la vida. Otros sostienen que la adivinación en el agua no es más precisa que cualquier otra forma de adivinación. Aunque no hay pruebas científicas que respalden ninguna de las dos afirmaciones, la adivinación con agua puede ser una forma divertida e interesante de obtener información sobre el futuro.

La adivinación con agua puede ser una forma divertida de pasar el tiempo y obtener alguna visión del futuro. Sin embargo, recuerde que no debe tomárselo demasiado en serio. Como todas las formas de adivinación, debe considerarse un entretenimiento más que una fuente de información verdadera sobre el futuro.

Instrucciones paso a paso

Se pueden utilizar varias técnicas diferentes para adivinar con el agua. Si está interesado en probar la adivinación acuática, necesitará un cuenco con agua limpia y un lugar tranquilo para concentrarse.

1. Llene un cuenco con agua limpia y colóquelo frente a usted. Puede añadir una gota de colorante alimentario al agua para facilitar la visión.

2. Siéntese frente al cuenco y fije la mirada en el agua. Relaje la mente y el cuerpo y deje que sus pensamientos fluyan libremente.
3. Al cabo de unos minutos, es posible que empiece a ver imágenes o a recibir mensajes en forma de impresiones mentales. Anote las impresiones que reciba en un diario para poder consultarlas en el futuro.

Adivinación con espejos

La adivinación con espejos es un tipo de adivinación que consiste en mirarse en una superficie reflectante para obtener información sobre el futuro. Aunque se puede utilizar cualquier tipo de espejo para la adivinación, muchas personas prefieren utilizar espejos negros, ya que creen que pueden captar y reflejar mejor la energía. Al practicarlo, es posible que vea aparecer imágenes en la superficie del espejo. Estas imágenes pueden simbolizar cualquier cosa, desde acontecimientos futuros hasta mensajes de su mente subconsciente. Con la práctica, aprenderá a interpretar estas imágenes y a utilizarlas para obtener información sobre su vida.

Ventajas y desventajas

Aunque son muchos los beneficios potenciales de esta práctica, también hay algunas desventajas que deben tenerse en cuenta. Una de las principales ventajas de la prestidigitación con espejos es que puede realizarse con muy poco equipo. Todo lo que necesita es un espejo y un lugar tranquilo en el que centrar su atención. Esto lo convierte en un método de adivinación ideal para las personas que están empezando o que no tienen acceso a herramientas más especializadas. Además, puede utilizarse para diversos fines, desde obtener autoconocimiento hasta asomarse a la vida de otras personas. Sin embargo, también hay que tener en cuenta algunas desventajas.

Una desventaja potencial es que mirarse en un espejo durante periodos prolongados puede ser agotador para los ojos. Es importante hacer pausas y descansar los ojos si empieza a sentir molestias. Además, algunas personas descubren que se centran demasiado en su reflejo durante las sesiones de escrutinio en el espejo, lo que puede impedirles ver el panorama general. Si se siente demasiado atrapado por su imagen, puede resultarle útil utilizar un paño negro o de color oscuro para cubrir el espejo hasta que esté listo para finalizar la sesión.

En general, la adivinación a través del espejo es una forma versátil y eficaz de adivinación que puede aportar valiosas percepciones. Sin embargo, como con cualquier tipo de adivinación, es importante abordarla con precaución y una mente abierta.

Instrucciones paso a paso

Si está interesado en probar la adivinación por espejo por sí mismo, todo lo que necesita es un espejo y un lugar tranquilo para concentrarse. Para empezar, siga estos sencillos pasos:

1. Encuentre un espejo que sea lo suficientemente grande como para que pueda mirarse cómodamente en él. A menudo se utiliza un espejo negro para este propósito, pero cualquier tipo de espejo funcionará.
2. Coloque el espejo frente a usted y siéntese. Relaje la mente y el cuerpo, y deje que sus pensamientos fluyan libremente.
3. Al cabo de unos minutos, es posible que vea aparecer imágenes en la superficie del espejo. Estas imágenes pueden simbolizar cualquier cosa, desde acontecimientos futuros hasta mensajes de su mente subconsciente. Anote cualquier percepción que reciba en un diario para poder consultarla en el futuro.

Adivinación con tinta

La adivinación con tinta es una forma de adivinación que consiste en observar los patrones de las manchas de tinta, café o té. Al mirar la tinta, puede empezar a ver formas y patrones que se forman. Estas formas pueden interpretarse de varias maneras, dependiendo de su aspecto y colocación en el papel. Por ejemplo, una forma que parezca un corazón puede simbolizar el amor, mientras que un círculo puede representar la unidad o la plenitud. Al interpretar las formas que ve, puede obtener información sobre su pasado, presente y futuro. La adivinación con tinta es una forma sencilla pero eficaz de conectar con su subconsciente y descubrir verdades ocultas.

Ventajas y desventajas

La adivinación con tinta es una forma de adivinación relativamente sencilla y barata. Todo lo que necesita es un trozo de papel, tinta, café o té. Además, este método puede utilizarse para diversos fines, desde obtener autoconocimiento hasta predecir el futuro. Sin embargo, hay que tener en cuenta algunos inconvenientes. Un posible inconveniente es que puede resultar difícil interpretar las formas que se ven. Si no tiene experiencia con este método, es fácil confundir una forma con otra.

Además, algunas personas descubren que se centran demasiado en los patrones que ven, lo que puede impedirles ver el panorama general. Si se encuentra a sí mismo demasiado atrapado en la tinta, puede ser útil tomarse un descanso y volver a ella más tarde. En general, el escrutinio con tinta es una forma de adivinación sencilla pero poderosa que puede aportar valiosas percepciones. Sin embargo, como con cualquier tipo de adivinación, es importante abordarla con precaución y una mente abierta.

Instrucciones paso a paso

Si está interesado en probar la adivinación con tinta, todo lo que necesita es un trozo de papel, un poco de tinta, café o té. Para empezar, siga estos sencillos pasos:

1. Encuentre un lugar tranquilo para trabajar donde no le molesten.
2. Vierta un poco de tinta, café o té en un plato o fuente poco profunda.
3. Sumerja el dedo en el líquido y utilícelo para dibujar formas o patrones en un trozo de papel.
4. Mientras observa las formas que ha creado, deje que su mente divague y vea qué imágenes o mensajes le vienen.
5. Anote cualquier percepción que reciba en un diario para futuras consultas.

Adivinación con humo

La adivinación con humo es un tipo de adivinación que consiste en observar los patrones formados por el humo. Puede realizarse con cualquier tipo de humo, pero el incienso es el más utilizado. Es posible que vea imágenes, símbolos o mensajes en el humo. Permita que lo que le llegue lo haga sin juzgarlo ni analizarlo. La adivinación con humo es una forma sencilla pero poderosa de conectar con su intuición y recibir orientación del mundo de los espíritus.

Ventajas y desventajas

Muchas culturas tienen sus métodos de adivinación con humo y esta práctica se ha utilizado durante siglos para ayudar a la gente a tomar decisiones importantes. La adivinación con humo tiene sus pros y sus contras, y es fundamental sopesarlos antes de decidir si esta forma de adivinación es adecuada para usted.

Una de las mayores ventajas de la adivinación con humo es que puede realizarse prácticamente en cualquier lugar. Todo lo que necesita es un fuego y algún tipo de material para fumar (como hierbas). Esto la convierte en una forma de adivinación muy cómoda para las personas que siempre están en movimiento. Además, puede ser una experiencia muy personal. Puesto que usted mismo interpreta el humo, no hay necesidad de confiar en la opinión o interpretación de otra persona. Sin embargo, también tiene algunas desventajas.

Una desventaja es que puede resultar difícil interpretar correctamente el humo. Esta forma de adivinación requiere mucha práctica y experiencia para ser precisa. Además, como interpretar el humo es una experiencia tan personal, es fácil dejar que sus prejuicios influyan en sus lecturas. En general, la adivinación con humo es una forma única e interesante de adivinación con pros y contras. Téngalos en cuenta antes de decidir si es o no adecuada para usted.

Instrucciones paso a paso

Si está interesado en probar la adivinación con humo, todo lo que necesita es un fuego y algún tipo de material para fumar (como incienso o hierbas). Para empezar, siga estos sencillos pasos:

1. Encuentre un lugar tranquilo donde no le molesten.
2. Encienda un fuego en un lugar seguro.
3. Añada su material para fumar al fuego.
4. Observe los patrones formados por el humo.
5. Deje que su mente divague y vea qué imágenes o mensajes le vienen.
6. Anote las percepciones que reciba en un diario para consultarlas en el futuro.

En general, la adivinación es una herramienta poderosa que puede utilizarse para la adivinación y el autodescubrimiento. Existen muchos métodos diferentes, cada uno con sus ventajas y desventajas. Este capítulo ofrece un breve resumen de algunos de los más populares. Experimente con diferentes técnicas y encuentre la que mejor funcione para usted. Recuerde acercarse a la prestidigitación con la mente abierta y dejar que la información que le llegue fluya sin juzgarla ni analizarla. Con la práctica, podrá utilizar la prestidigitación para obtener información valiosa sobre sí mismo y su vida.

Capítulo 10: Métodos avanzados de comunicación con el mundo de los espíritus

Comunicarse con el mundo de los espíritus puede ser una experiencia muy gratificante. Puede proporcionarle un cierre, respuestas a preguntas candentes o simplemente darle una sensación de conexión con algo más grande que usted mismo. En este capítulo exploraremos algunos de los métodos más avanzados de comunicación con el mundo de los espíritus. Estos métodos incluyen el uso de un péndulo, una tabla ouija, las cartas del tarot y la escritura automática. Al final de este capítulo, debería comprender cómo utilizar cada uno de estos métodos y los pros y los contras asociados a cada uno de ellos.

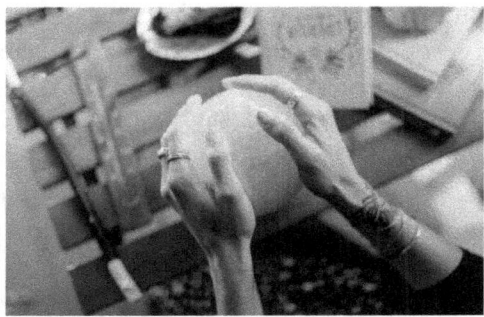

Comunicarse con el mundo de los espíritus puede proporcionarle un cierre, respuestas a preguntas candentes o simplemente darle una sensación de conexión con algo más grande que usted mismo
https://www.pexels.com/photo/hands-holding-the-crystal-ball-on-the-wooden-table-6806746/

Utilizar un péndulo para la comunicación con los espíritus

Un péndulo es una pesa, normalmente de cristal, que cuelga de una cuerda o cadena. Utilizar uno para la comunicación con los espíritus es una práctica que se remonta a siglos atrás. Se cree que el péndulo puede acceder a la mente subconsciente y conectar con el reino espiritual. Los péndulos se utilizan a menudo para la adivinación y las lecturas psíquicas. Muchas personas creen que un péndulo puede utilizarse para comunicarse con los muertos.

1. Cómo utilizar un péndulo

Hay algunas formas diferentes de utilizar un péndulo para la comunicación con los espíritus. Una forma es hacer preguntas de sí o no. El péndulo oscilará en una dirección determinada para indicar la respuesta. Otra forma es sostener el péndulo sobre una hoja de papel con diferentes símbolos o palabras. El péndulo oscilará hacia el símbolo o la palabra con la que esté relacionado.

Si es la primera vez que utiliza un péndulo, lo mejor es empezar con preguntas sencillas. También puede pedirle a otra persona que sostenga el péndulo mientras usted hace las preguntas. Esto le ayudará a eliminar cualquier prejuicio por su parte. Una vez que se sienta cómodo utilizando el péndulo, puede experimentar con preguntas más complejas. Recuerde que no hay respuestas erróneas cuando se está en comunión con los espíritus. Disfrute del proceso y vea qué sabiduría tienen que compartir con usted.

2. Ventajas y Desventajas de utilizar un péndulo

Utilizar un péndulo para la comunicación con los espíritus tiene pros y contras. Un pro es que puede utilizarlo cualquier persona, independientemente de su nivel de experiencia. Otro es que no requiere ningún equipo o herramienta especial. Todo lo que necesita es un péndulo y algo con lo que escribir. El uso del péndulo no está exento de detractores. Algunas personas creen que el péndulo puede verse influido por los pensamientos y sentimientos del usuario, lo que lo hace poco fiable como método de comunicación. Otros creen que el péndulo puede utilizarse para comunicarse con entidades no humanas, como demonios y otras fuerzas oscuras. A pesar de estas preocupaciones, muchas personas consideran que el péndulo es una herramienta útil para la comunicación con los espíritus y continúan utilizándolo.

3. Consejos para utilizar un péndulo

Si decide utilizar un péndulo para la comunicación con los espíritus, debe tener en cuenta algunas cosas.

- Esté en un estado mental relajado. Esto le ayudará a despejar su mente y permitirá que el péndulo oscile libremente.
- Sujete el péndulo sobre su mano dominante. Esta mano debe estar apoyada con la palma hacia arriba sobre una superficie plana.
- Formule su pregunta en voz alta. Esto le ayudará a centrar sus pensamientos y permitirá que el péndulo encuentre la respuesta más fácilmente.
- Tenga paciencia. Puede que el péndulo no oscile inmediatamente. Dele unos instantes para que encuentre la respuesta.
- Esté abierto a cualquier respuesta que le dé el péndulo. Recuerde que no hay respuestas erróneas cuando se está en comunión con los muertos.

Utilización de un tablero ouija para la comunicación con los espíritus

Un tablero de ouija es un tablero marcado con las letras del alfabeto, los números del 0 al 9 y las palabras "sí", "no" y "hola". El tablero se utiliza junto con una plancheta, una pequeña pieza de madera o plástico con forma de corazón que sirve para señalar las diferentes letras y símbolos del tablero. Muchas personas creen que el tablero ouija puede utilizarse para comunicarse con los muertos.

1. Cómo utilizar un tablero ouija

Utilizar un tablero ouija es relativamente sencillo. En primer lugar, debe reunir a un grupo de personas. Dos es el mínimo, pero pueden ser más si se desea. A continuación, tendrán que sentarse alrededor del tablero y colocar los dedos en la plancheta. Una vez que todos estén listos, una persona formulará una pregunta en voz alta. La plancheta comenzará entonces a moverse alrededor del tablero, deletreando la respuesta a la pregunta.

2. Ventajas y desventajas de utilizar un tablero ouija

Como cualquier método de comunicación con los espíritus, utilizar una tabla ouija tiene sus pros y sus contras. Un pro es que puede ser una actividad divertida para hacer con amigos o familiares. También puede conectar con seres queridos que ya han fallecido. Otro pro es que es relativamente fácil de utilizar y no requiere habilidades o conocimientos especiales.

También hay algunos contras. Uno es que puede ser peligroso si no se utiliza correctamente. Ha habido informes de personas que han quedado poseídas después de utilizar un tablero de ouija, por lo que es crucial tener precaución. Otro contra es que las respuestas que recibe no siempre son exactas. Esto se debe a que la plancheta puede verse influida por fuerzas externas, como el viento o las corrientes de aire.

3. Consejos para utilizar una ouija

Si decide utilizar una tabla ouija, debe tener en cuenta algunas cosas.

- Sea respetuoso con los muertos. Esto significa no hacer preguntas que puedan molestarles o provocar que quieran hacerle daño.
- Sea consciente de su entorno. Asegúrese de que no haya corrientes de aire o viento que puedan mover la plancheta.
- No utilice la plancheta solo. Acompáñese siempre de al menos otra persona.
- No tome las respuestas que reciba al pie de la letra. Recuerde que pueden no ser exactas.

Uso de las cartas del tarot para la comunicación con los espíritus

Las cartas del tarot son cartas que se utilizan para la adivinación. La baraja se compone de 78 cartas, que se dividen en dos grupos: los Arcanos Mayores y los Arcanos Menores. Los Arcanos Mayores constan de 22 cartas que representan acontecimientos o transiciones importantes de la vida. Los Arcanos Menores constan de 56 cartas que representan retos y experiencias cotidianas.

1. Cómo utilizar las cartas del tarot para la comunicación con los espíritus

Las cartas del tarot se han utilizado durante siglos como herramienta de adivinación, pero también pueden emplearse para la comunicación con los espíritus. Para utilizar las cartas del tarot para la comunicación con los espíritus, empiece meditando y luego formule su pregunta en voz alta. A continuación, baraje la baraja y disponga las cartas en una tirada. Una vez colocadas las cartas, concéntrese en cada una de ellas individualmente y formule de nuevo su pregunta. Mientras lo hace, preste atención a cualquier pensamiento, sentimiento o imagen que le venga a la mente. Pueden ser mensajes de su guía espiritual o de otros espíritus. Si no está segura de lo que significa un mensaje, intente buscar el simbolismo de la carta en un libro o en Internet. Con un poco de práctica, podrá utilizar las cartas del tarot para la comunicación con los espíritus.

2. Ventajas y desventajas del uso de las cartas del tarot

Muchas personas creen que las cartas del tarot pueden utilizarse como herramienta para la comunicación con los espíritus. Hay varias maneras diferentes de utilizar las cartas para este fin. Mientras que algunas personas consideran que las lecturas de las cartas del tarot son precisas y útiles, otras se muestran escépticas sobre su capacidad para conectar con los espíritus. He aquí algunos pros y contras del uso de las cartas del tarot para la comunicación con los espíritus:

Ventajas:
- Las lecturas de las cartas del tarot pueden ser muy precisas. Los lectores experimentados a menudo pueden interpretar los mensajes de las cartas con mucha claridad.
- Las lecturas pueden proporcionar orientación y perspicacia para tomar decisiones importantes. Al conectar con los espíritus, los lectores de tarot pueden recibir una orientación que puede no estar disponible a través de otros medios.
- Estas lecturas pueden ser divertidas. Incluso si no cree en su capacidad para conectar con los espíritus, las lecturas del tarot pueden ser una forma divertida de pasar el tiempo.

Desventajas:
- Algunas personas creen que las lecturas de las cartas del tarot son inexactas y engañosas. No hay garantía de que los mensajes que reciba de una lectura de tarot sean precisos o útiles.

- Pueden resultar caras. Si contrata a un lector profesional, es posible que tenga que pagar bastante dinero por sus servicios.
- Las lecturas pueden ser intimidantes. Si no está familiarizado con el proceso, puede ser difícil saber qué esperar al acudir a una.

3. Consejos para utilizar las cartas del tarot

Si decide utilizar las cartas del tarot para la comunicación con los espíritus, debe tener en cuenta algunas cosas.

- Asegúrese de que trabaja con un lector de confianza. Hay muchos charlatanes por ahí que intentarán aprovecharse de la gente.
- Tenga claro lo que quiere conseguir de la lectura. Antes de empezar, tómese un tiempo para pensar qué espera obtener de la experiencia. Esto le ayudará a centrar sus preguntas y a sacar el máximo partido de la lectura.
- Esté abierto a los mensajes que reciba. No intente forzar un resultado concreto de la lectura. En lugar de ello, deje que los mensajes le lleguen y confíe en que son orientaciones de su guía espiritual o de otros espíritus.

Escritura automática

La escritura automática es una práctica espiritual que puede utilizarse para comunicarse con el otro lado. Es una forma de canalización en la que el escritor entrega su mano a un poder superior y permite que ese poder superior escriba a través de él. Este proceso puede realizarse con un bolígrafo y papel o incluso con el dedo si utiliza una tableta o un smartphone. Lo vital es despejar la mente y dejar que las palabras fluyan. No hay que preocuparse por la ortografía o la gramática, ya que el mensaje llegará a pesar de todo. Puede que al principio las palabras le lleguen con lentitud, pero con la práctica será capaz de recibir mensajes claros de sus guías y seres queridos que ya no están.

1. Cómo realizar la escritura automática

La escritura automática es un proceso sencillo que cualquiera puede realizar. Puede ser una forma poderosa de recibir mensajes del otro lado. Para empezar, busque un lugar tranquilo donde no le interrumpan. Siéntese con un bolígrafo y papel, y relaje su mente. Una vez que se sienta tranquilo, deje que su mano se mueva libremente por la página. Mientras escribe, confíe en que las palabras que recibe proceden del mundo espiritual. Puede que los mensajes no tengan sentido al principio, pero si sigue escribiendo, empezarán a formar pensamientos cohesionados. Si mantiene una mente abierta, la escritura automática puede ser una herramienta poderosa para la comunicación con los espíritus.

2. Ventajas y desventajas de la escritura automática

La escritura automática tiene muchas ventajas. Por un lado, es una forma estupenda de recibir mensajes de seres queridos fallecidos. También puede utilizarse para comunicarse con guías y ángeles. Si busca orientación sobre un tema concreto, la escritura automática puede ayudarle a recibir claridad.

La escritura automática también tiene algunos desventajas. Puede resultar bastante perturbadora si no está mental o emocionalmente preparado para recibir mensajes del otro lado. Además, si no está acostumbrado a canalizar energía, puede resultar fácil fatigarse. Reservar tiempo para relajarse antes y después de la sesión es crucial. En general, se trata de una herramienta poderosa que puede utilizarse para bien o para mal, dependiendo de la intención del usuario. Utilícela sabiamente y le será de gran utilidad.

3. Consejos para la escritura automática

He aquí algunos consejos que le ayudarán a sacar el máximo partido de sus experiencias de escritura automática:

- Relájese y despeje la mente antes de empezar. Cuanto más relajado esté, más fácil le resultará recibir los mensajes.
- Establezca una intención para su sesión. ¿Qué espera conseguir? Téngalo presente mientras escribe.
- Tenga paciencia. Puede que los mensajes no lleguen inmediatamente, pero si sigue escribiendo, llegarán.
- Esté abierto a lo que le llegue. Puede que no siempre entienda el mensaje, pero confíe en que procede de un poder superior.
- Tómese los descansos que necesite. Si se siente cansado o frustrado, tómese un descanso y vuelva más tarde.
- Lleve un diario de sus experiencias. Será un valioso recurso al que echar la vista atrás más adelante.

Estas son solo algunas de las muchas formas en que puede comunicarse con el otro lado. Experimente y encuentre el método que mejor funcione para usted. Acérquese siempre a estas experiencias con la mente y el corazón abiertos, y confíe en que los mensajes que reciba sean para su mayor bien. Este capítulo ha proporcionado algunos consejos e información de fondo sobre diversos métodos de mediumnidad. A partir de aquí, depende de usted explorar y encontrar los que mejor funcionen para usted. Así que ¡adelante y comuníquese con el otro lado!

Conclusión

Ahora que ha leído toda la información sobre la mediumnidad, ¡es hora de ponerlo todo en común y empezar a practicar! Recuerde que lo más importante es relajarse y abrirse a la experiencia. ¡Se sorprenderá de lo que puede hacer con un poco de práctica!

Esta guía fácil de seguir le ha proporcionado todas las herramientas que necesita para desarrollar sus habilidades como médium. Comenzó con una introducción a los fundamentos de la mediumnidad y su funcionamiento. Aprendió sobre los diferentes tipos de mediumnidad, así como sobre el cuerpo astral y el mundo de los espíritus. También aprendió algunas técnicas importantes para conectarse a tierra y prepararse antes de las lecturas, así como a reconocer la energía.

Después de eso, se sumergió de lleno, aprendiendo a desarrollar su habilidad de clarividencia. También descubrió la canalización de espíritus y cómo canalizar a sus guías espirituales. Por último, aprendió métodos avanzados de comunicación con el mundo de los espíritus, como la adivinación, la limpieza y la protección. La clave del éxito es relajarse y divertirse con ello.

Si quiere intentar canalizar a sus guías, empiece por hacer una investigación básica. Puede encontrar muchos recursos en Internet o en su biblioteca local. Una vez que comprenda bien los conceptos básicos, busque un lugar tranquilo para relajarse y concentrar sus pensamientos. Puede encender una vela o quemar un poco de incienso para ayudarle a relajarse y crear un espacio sagrado. A continuación, simplemente pida a sus guías que se acerquen y se comuniquen con usted. Puede que desee formular preguntas concretas o simplemente permitirles que hablen a través de usted. Confíe en su intuición y déjese llevar por lo que le parezca correcto.

La adivinación es otra forma estupenda de comunicarse con el mundo de los espíritus. Puede utilizar una bola de cristal, un cuenco de agua, un espejo o cualquier otra superficie brillante. Simplemente mire a la superficie y deje que su mente se relaje. Puede que vea imágenes o reciba mensajes de sus guías. No se preocupe si no ve ni oye nada de inmediato. Desarrollar sus habilidades como médium requiere práctica. Siga intentándolo y, con el tiempo, se sorprenderá de lo que puede hacer.

Aunque la mediumnidad es una gran forma de conectar con el mundo de los espíritus, protegerse de la energía negativa es crucial. Hay algunas cosas sencillas que puede hacer para protegerse. En primer lugar, límpiese siempre usted y su espacio antes de comenzar una sesión. Puede utilizar salvia, agua salada o cualquier otro método con el que se sienta cómodo. En segundo lugar, fije siempre su intención antes de empezar. Asegúrese de que solo trabaja con espíritus positivos y benévolos. Por último, confíe en su intuición. Si algo no le parece bien, deténgase y aléjese.

La mediumnidad es una forma estupenda de conectar con el mundo de los espíritus y recibir orientación de sus seres queridos. ¡Se sorprenderá de lo que puede hacer con un poco de práctica! Solo recuerde relajarse, dejarse llevar por su intuición y divertirse con ello.

Segunda Parte: Comunicación con espíritus

Conectar con guías espirituales, ancestros, arcángeles y ángeles, junto con el desarrollo de sus habilidades psíquicas de médium como la canalización y la clarividencia

Introducción

Así que quiere conectarse con los seres más allá de este mundo. Quiere saber cómo recibir conocimiento de ellos para poder vivir una vida mejor, descifrar las cosas que le confunden y aprender sobre su verdadero propósito en la vida. Le gustaría saber que, esté donde esté, nunca está solo y siempre puede recurrir a la ayuda del mundo invisible. Este es el mejor libro para ayudarle con esos objetivos.

Puede que haya decidido que le gustaría llegar al espíritu de alguien cercano y querido que ha fallecido. Puede que simplemente sienta una presencia a su alrededor y haya decidido que le gustaría conectar con ella y ver de qué se trata. Sea cual sea su motivo para conectar con los espíritus, encontrará este libro lleno de excelente material que le ayudará a hacerlo posible. A medida que se sumerja en el contenido de este libro, no se sorprenda si empieza a captar energías espirituales. Además, espere lo inesperado en el buen sentido.

Este libro le dará toda la información que necesita en un español claro. Cada concepto se explica con claridad, y obtendrá un conocimiento práctico, realista, directo y fácil de leer con el que podrá actuar. Encontrará ejercicios y métodos que podrá utilizar para ponerse en contacto con los espíritus que le rodean. También aprenderá a mantenerte a salvo mientras se acerca al otro lado y descubre que *no tiene nada que temer.*

Lo mejor de este libro es que la información que proporciona no es la típica que aparece en la primera página de Google. Se adentrará en el mundo de los espíritus y descubrirá cómo acercarse a ellos proporcionará una vida más rica y gratificante. No importa qué creencias religiosas tenga o si no le gusta *nada* la religión. Descubrirá que los espíritus no discriminan a los demás como hacen los humanos. La información en las páginas de este libro es tan buena que encontrará que no tiene que ser un monje o un sacerdote para poder sentir y conectar con los espíritus que rondan todo el día, todos los días. La información funciona porque no se trata de una religión externa y performativa, sino de espiritualidad, que es la comprensión de que hay mucho más en la vida que lo que se puede observar con nuestros sentidos físicos.

Tanto si desea obtener información valiosa como experimentar un crecimiento espiritual, descubrirá que no hay mejor manera que acercarse a quienes saben mucho más de lo que podríamos esperar: los espíritus que nos rodean, todo el día, todos los días. Debe comprender que debe mantener la mente abierta y suspender temporalmente su incredulidad. No tiene que contarle a los demás lo que está haciendo. A medida que utilice la información de este libro, mantener una mente abierta traerá resultados fenomenales. Empecemos, si está listo para explorar las mentes de los que están más allá de este mundo.

Capítulo 1: ¿Podemos realmente comunicarnos con los espíritus?

Desde la noche de los tiempos, la gente ha intentado comunicarse con los muertos y otras entidades más allá de este reino. Aunque todo cuerpo humano acabará muriendo, el espíritu que lo anima seguirá viviendo, y le interesa la vida que vivió cuando era humano. La mayoría de la gente es consciente de esto en algún nivel, y algunos son más que simplemente conscientes. Estas personas hacen intentos de conectar con los espíritus que han hecho la transición de esta vida, con la esperanza de permanecer en contacto con ellos u obtener información de ellos.

Los espíritus son conciencias que han dejado este mundo, pero que siguen vivas
<https://www.pexels.com/photo/mediums-sitting-in-circle-holding-hands-7267688/>

Piense en la cantidad de veces que ha pensado en llamar a alguien, sólo para hacerlo y descubrir que está pasando por algo en ese momento. Puede captarlo porque comparte lazos con esa persona, y esos lazos hacen posible que también se comunique con otras personas física y espiritualmente. Estos lazos proporcionan una conexión que supera al mundo físico y sus reglas sobre cómo se produce la comunicación. Este vínculo suele ser emocional y va más allá de la vida y la muerte. Quienes desean comunicarse con los espíritus pueden querer hacerlo con sus seres queridos que ya no están con ellos. Los espíritus a menudo intentan llegar a nosotros porque a ellos también les encantaría conectar, ya sea para proteger a sus seres queridos, mantenerlos, consolarlos o simplemente para decir «Hola». La verdad sobre la vida es que continúa para siempre. La muerte no es el final, sino una transición, lo que significa que no existe de la forma que a menudo pensamos.

¿Qué son los espíritus?

¿Qué son los espíritus? Saber definirlos proporcionará el marco que puede utilizar para acercarse a ellos. Merriam-Webster define espíritu como *«un principio animador o vital que se considera que da vida a los organismos físicos»*, *«un ser o esencia sobrenatural»*, *«la inteligencia inmaterial de la parte sensible de una persona»*, *«el principio activador o esencial que influye en una persona»* o *«el sentimiento, cualidad o disposición que caracteriza a algo»*.

Cuando hablamos de un espíritu, estamos hablando de una conciencia que ha dejado este mundo, pero que sigue viva. Además, es una conciencia que puede acceder al mundo físico y manipularlo de formas que no podemos ver ni comprender, a veces porque ni ellos mismos lo comprenden. Debido a esto, a muchos de los que trabajan con espíritus les resulta más fácil pensar en ellos como «energía» que como personas reales porque, en cierto modo, piensan que son proyecciones psíquicas de los muertos.

Algunos espíritus permanecerán en la Tierra porque no se dan cuenta de que están muertos, mientras que otros se quedarán porque quieren estar cerca de sus seres queridos o tal vez hacer alguna travesura. Algunos espíritus pueden ser benévolos y protectores, mientras que otros son más maliciosos y peligrosos. Las razones por las que se comportan así varían de un espíritu a otro, pero una cosa permanece constante. Debemos aprender a escucharlos y comunicarnos con ellos para entenderlos mejor, lo que en última instancia puede llevarnos a comprender mejor la propia muerte.

Algunas personas oyen la palabra espíritu e inmediatamente piensan en Casper, el simpático fantasma, o algo parecido. Otros piensan en una imagen apenas visible que suele quedar fuera del alcance de nuestros cinco sentidos ordinarios. Aunque esto se acerca más a la verdad, no es del todo cierta. En todas partes hay espíritus. Es probable que tenga algunos a su alrededor ahora mismo. Algunas personas están tan dotadas que pueden tocar, oír y ver a los espíritus muy claramente. A veces, se puede ver un espíritu por el rabillo del ojo cuando no se lo está mirando directamente.

Tipos de espíritus

Aunque muchos temen a los espíritus, la mayoría son inofensivos. La única razón por la que los fantasmas se consideran terroríficos es la forma en que se presentan. Las apariciones son simplemente situaciones en las que un ser espiritual se presenta porque está atrapado en este reino debido a los asuntos pendientes. Dicho esto, debe tener en cuenta que no todos los espíritus son espíritus humanos. Saber con quién y con qué se está conectando es importante para estar seguro y sacar el máximo provecho de sus interacciones con estos seres de otro mundo. Hay muchos tipos de espíritus y otros seres espirituales como entidades. Echemos un vistazo a cada tipo:

Los **espíritus ancestrales** son los espíritus de sus antepasados. Estos espíritus permanecerán a su alrededor debido a la conexión que comparten por sangre. A veces puede tener un espíritu ancestral que conoció en persona durante su vida, y otras veces tendrá espíritus ancestrales que nunca conoció porque son de generaciones anteriores. Notará que a los espíritus ancestrales no hay nada que les guste más que estar con la familia y están ansiosos por conectarse con usted para que puedan trabajar juntos. Son espíritus encantadores a los que acudir si está empezando su camino espiritual. Esto se debe a que generalmente son seguros y le mantendrán alejado de los problemas.

Algunos espíritus podrían causarle daño, pero sus antepasados suelen cubrirle las espaldas. No es fácil tener límites claros y apropiados cuando es un novato en el trabajo espiritual, así que debería elegir trabajar con sus ancestros primero, antes que con cualquier otro tipo de espíritu. Puede ponerse en contacto con ellos y preguntarles si estarían interesados en conectar con usted y trabajar juntos. Los espíritus ancestrales pueden ayudarle con su oficio si es una bruja, ya que pueden potenciar sus poderes y hechizos. Siempre estarán ahí para darle su ayuda, y como es de su sangre, puede esperar que sus hechizos sean poderosos cuando los invoque. Los espíritus ancestrales vendrán a usted de una forma que no podrá pasar por alto. No se sorprenda si aparecen en sus sueños, con un aspecto mucho más joven que la última vez que los vio en vida (si es que lo hizo).

Los **espíritus terrestres** son como los espíritus ancestrales en el sentido de que una vez vivieron en la Tierra. La mayoría de las veces, están aquí porque todavía están conectados energéticamente a algo que sucedió en la tierra o a un lugar específico. Son los que están detrás de las inofensivas apariciones que conoce. A menudo acaban aquí porque están atascados y, si su muerte fue traumática, puede que decidan permanecer en el lugar de los hechos porque no les resulta fácil desprenderse de la herida y el dolor que llevan dentro. Otras veces, se quedan porque tienen asuntos que resolver. Algunos espíritus han fallecido, pero no se dan cuenta de que su tiempo en la Tierra ha terminado, por lo que simplemente se quedan. Necesitarán la ayuda de un médium para liberarse. Tenga en cuenta que algunos espíritus no están atrapados, sino que simplemente quieren visitar la Tierra.

Algunos espíritus se consideran aterradores, pero en realidad, son espíritus atormentados que todavía están atados a la Tierra y puede que ni siquiera sepan que están siendo una amenaza para alguien. Así que debe tener eso en mente si alguna vez tiene algún motivo para tratar con uno.

Los **espíritus de los muertos** son lo mismo que los espíritus ancestrales, pero no están conectados a su línea de sangre. Hay personas concretas a las que los espíritus de los muertos les gusta frecuentar. Por ejemplo, el espíritu de su padre fallecido puede rondar a una mujer sólo porque quiere saludarla, mantenerla a salvo o verla. Estos espíritus también pueden estar ligados a la Tierra. A veces no lo están, lo que significa que pueden aparecer de vez en cuando sólo para estar al tanto de lo que ocurre aquí. En general, los espíritus de los muertos no son peligrosos. Simplemente saben quién es y quieren acercarse a usted.

Si nota un espíritu malévolo, recuerde que puede estar presenciando a un espíritu terrestre lidiando con su trauma o una grabación (habrá más sobre esto más adelante). En la mayoría de los casos, los espíritus que hacen daño a otros lo hacen porque sufren y no son conscientes de ello.

Como hay personas buenas y malas, es lógico que algunos espíritus tengan intenciones maliciosas. En este caso, tiene que darse cuenta de que usted tiene más poder que ellos en esta llanura, lo que significa que tienen que usar mucha energía para mover las cosas, aunque usted podría moverlas fácilmente. Si es molestado por un espíritu, debe hacer una limpieza, y estará bien.

Los **espíritus guías** están para ayudarle. Suelen estar a su alrededor y están dispuestos a darle toda la orientación y consejos que necesite. Su guía espiritual puede ser un espíritu ancestral, almas que nunca ha conocido, ángeles o maestros ascendidos. Todo el mundo tiene varios guías asignados cuando nace, y estos guías pueden cambiarse para adaptarse a la fase de la vida de la persona. También puede ser específico a la hora de recurrir a un guía para que le ayude con el dinero.

Algunos practicantes de brujería creen que puede tener guías espirituales tanto negativos como positivos, y ambos son necesarios dependiendo de lo que quiera lograr. Sin embargo, lo mejor sería que decidiera centrarse en conseguir sólo los espíritus guías que sean buenos para su propósito más elevado y la mejor versión de su vida, que aún está por llegar.

Los *espíritus de las plantas* son los espíritus que están conectados con las plantas que le rodean. Tiene que reconocer que estos espíritus son reales si trabaja con ellos, así que si no está conectado con ellos, lo más probable es que sólo esté interactuando con el aspecto físico de la planta y no con su lado espiritual, lo cual no tendría sentido. Los espíritus de las plantas son seguros y su energía es suave. A medida que sea más consciente de los espíritus de las plantas, descubrirá que cada uno tiene su personalidad, sus necesidades y sus deseos. Los mejores para interactuar con ellos son los que están en su casa o espacio, de modo que pueda exponerse a ellos lo suficiente como para desarrollar una relación con las plantas. Puede hablarles como si sus espíritus estuvieran escuchando, porque así es. Cuando empieza a hablar con ellas, las activa espiritualmente. Así que tómese su tiempo para preguntarles si les gustaría tener más agua, estar mejor colocadas al sol, etc. Preste atención a si su espíritu es extrovertido o tranquilo y apacible. Si no tiene habilidades psíquicas, esto puede ser difícil, pero puede trabajar con su intuición eligiendo confiar en ella.

Los **espíritus minerales** no son muy comunes. Es cierto que no son las estrellas de rock del grupo de los espíritus, pero verá que están por todas partes. Si tiene piedras, minerales y cristales a su alrededor, lo más probable es que tenga espíritus minerales con usted. Hay muchos de estos espíritus, tantos como cristales y piedras. Puede llegar a ellos con su intuición, entre otras herramientas que se tratarán más adelante en este libro.

Los espíritus minerales están interesados en trabajar con usted en diversos aspectos de su vida. Por ejemplo, un espíritu mineral puede tener como especialidad las relaciones, mientras que otro puede ser bueno para su salud mental. A estos espíritus les encanta conectar con los humanos vivos, pero para ellos es importante que se les respete. Por eso, puede preguntarles qué necesitan para que pueda proporcionárselo. Tenga en cuenta que algunos espíritus pueden no estar interesados en trabajar con otros. Cuando eso ocurre, no están contentos por haber sido sacados de la Tierra. En este caso, tiene que volver a colocar el mineral donde lo encontró o en algún lugar que se le parezca.

Las **entidades negativas** son malas noticias, y debe evitarlas a toda costa, no buscándolas en primer lugar. Son seres parásitos, que chupan toda la energía que pueden obtener de usted. Estas entidades no son humanas. Algunas entidades se aferran a usted para obtener un impulso de energía antes de despegar. Otras entidades se pegan a usted durante mucho tiempo, alimentándose de su energía. Cuando note que tiene estas entidades, también se dará cuenta de que se siente deprimido, enfadado, confuso y vacío. Hay muchas formas de entidades negativas, pero todas tienen algo en común. Son ladrones de energía que se aferran obstinadamente a usted, negándose a soltarle. Éstas son algunas de las más comunes:

- Vampiros de energía
- Espirales negras
- Entidades geopáticas
- Secuaces
- Demonios
- ET negativos
- Desencarnados
- Brujas o hechiceros
- Poltergeist
- Grises

Algunas de estas entidades existen como seres reales. Las otras actúan como acumulaciones de energía sin sentido de la conciencia. Tenga en cuenta que la meditación, la visualización y otras herramientas pueden eliminar las entidades negativas. Dicho esto, saber cuándo estas entidades se conectan con usted es lo mejor. Vendrán cuando esté haciendo algo de baja vibración, y también se sienten atraídas por usted cuando está con personas con entidades negativas a su alrededor. También puede notar que cuando está pasando por algo traumático, una relación tóxica o una situación difícil, es probable que tenga entidades que quieran pasar el rato con usted. No hacen daño físico, y puede que no sea consciente de su presencia, pero siempre afectarán a su mente y a su energía, y muy pronto se quedará sin ambas si no se limpia de ellas.

Los **demonios Goéticos** no son realmente demoníacos y pueden ser útiles si quiere trabajar con ellos. De hecho, la mayoría de las brujas se alegran de contar con su ayuda. La *Llave menor de Salomón* habla de 72 de ellos. Cada uno tiene una habilidad específica. Por ejemplo, uno es bueno con el amor, otro con el dinero, y así sucesivamente. Tenga en cuenta que estos seres no son espíritus de personas reales, sino que están formados por las firmas energéticas de diferentes seres. Normalmente, ayudarán con hechizos, pero quieren que les de algo. Esto significa que debe tener cuidado de cómo negocia con ellos antes de darles lo que quieren.

Una vez más, estos demonios Goéticos no causan problemas a menos y hasta que los haya invocado. Si tiene problemas con un espíritu, tenga en cuenta que lo más probable es que los demonios Goéticos no tengan culpa en todo el asunto.

Los Fae son espíritus de otra dimensión, no muy lejos de nuestro reino, lo que significa que puede llegar a ellos físicamente. Es más fácil conectar con los Fae que con otras formas de espíritus. Muchos evitan buscar la ayuda de los Fae, pero pueden ser de gran ayuda. En su mayoría, están ligados a lugares específicos. Si encuentra uno en su camino, lo más probable es que el espíritu no le siga de vuelta a casa, a menos que su hogar se encuentre en el mismo lugar. El Otro Mundo es el mundo de los Fae, y hay varios tipos de Fae con los que puede trabajar. Trabajar con ellos es seguro siempre y cuando primero haga los deberes. Que un ser sea espiritual no significa que automáticamente deba ayudarle. Los Fae también son como las personas. Los hay buenos y malos, y con matices de gris. No puede mantenerlos alejados de su casa si los enfada.

Los elementales son los espíritus que animan los elementos de fuego, aire, agua y tierra. Están destinados a ayudar a proteger la naturaleza y su elemento. Cada árbol tiene su propio espíritu, y lo mismo ocurre con cada masa de agua. Lo más probable es que ahora mismo tenga espíritus elementales fuera de casa. Algunas tradiciones afirman que cada elemento tiene sus propios dioses y guardianes. Algunos espíritus también están destinados a cuidar aspectos específicos de la naturaleza. Por ejemplo, los gnomos del reino Fae son elementales de tierra. Las salamandras son elementales de fuego, mientras que las ondinas son elementales de agua. Los elementales de aire se llaman sílfides. Cuando trabaje con determinados elementos, pida ayuda al elemental asociado.

Las deidades son los dioses y diosas de todas las religiones y tradiciones que habitan en otros reinos. Pueden trabajar con usted en función de la religión con la que resuene, etc. Antes de trabajar con deidades, tendrá que investigarlas para saber con cuáles resuena. También debe asegurarse de que está preparado para su energía, ya que son muy poderosas y lo que experimente dependerá totalmente de ellas. Por eso es necesario que profundice en cada deidad con la que quiera trabajar antes de invitarla a entrar en su vida. Otra buena manera de elegir una deidad es establecer la intención de que quiere trabajar con la mejor deidad para usted y sus objetivos y luego mantener los ojos bien abiertos para que pueda ver las señales que indican quién es su deidad. Debería hacerles ofrendas regularmente para mantener fuerte su conexión cuando llegue a conocer a la entidad.

Los ángeles son los espíritus con los que trabajan muchas personas. Muchos tipos de mitos rodean a estos seres maravillosos, y tienen mucho más conocimiento que la mayoría de los otros seres, como los espíritus ancestrales o muertos. No se debe subestimar el poder y la fuerza de un ángel. De hecho, es posible que nunca llegue a comprender del todo el alcance de su poder. Lo que ocurre con los ángeles es que piensan en blanco y negro y son muy particulares en cuanto a lo que consideran bueno o malo. Investigue su mitología antes de trabajar con ellos e infórmese sobre cómo los ven las distintas religiones y culturas.

Los demonios son los últimos de esta lista, y siempre han parecido aterradores cuando en realidad no lo son. Mientras que los ángeles están organizados, los demonios no. Un ángel tiene una tarea específica, mientras que un demonio no. Además, debe tener en cuenta que la energía caótica de un demonio no significa que sea una entidad maligna. Sólo significa que es difícil predecir lo que vendrá después cuando trabaja con ellos. Hay otros demonios además de los Goéticos. Si es una bruja del caos, querrá trabajar con demonios, ya que hay poder en el caos. Tenga en cuenta que estos seres no son malvados y tampoco son buenos. No tienen prejuicios y pueden inclinarse hacia cualquier lado. A algunos de ellos les encanta trabajar con humanos, pero a un precio, claro. Debe estar seguro de lo que está negociando con ellos para que ambos estén conformes con el acuerdo final. Tenga en cuenta que hay demonios que pueden ser malos y terroríficos, pero esto no significa que todos sean así. De hecho, los Fae, los ángeles, algunos ancestros y otros tipos de espíritus también pueden dar miedo. Así que asegúrese de que está protegido cuando trabaje con ellos y tenga claro lo que desea antes de invocar a un demonio.

Lo más probable es que un demonio no venga a usted si usted no lo invoca, así que si percibe algún ser negativo en su casa y no lo ha invocado, puede que esté tratando con otra cosa. En general, es mucho más sensato tener cuidado con otras entidades que con demonios. Sin embargo, eso no significa que deba ignorar lo poderosos que son estos seres. Algunos de ellos también pueden ejercer poder físico y mover grandes cosas para hacerle daño. Es mejor no invocarlos porque no es fácil deshacerse de ellos cuando ha terminado de trabajar con ellos, por lo que debe ser bueno limpiando su espacio y ahuyentándolos. También debe saber cómo trabajar con hechizos de destierro antes de invocar a los demonios, para que pueda eliminarlos si es necesario. Esto es algo bueno a menos que esté tratando con otro tipo de espíritus que son amorosos y amables.

Breve historia de la comunicación espiritual

El espiritismo se convirtió en una religión que tomó al mundo por asalto, y la comunicación con los espíritus a través de los médiums se hizo popular en el Reino Unido y los Estados Unidos. Los médiums comienzan con la historia de la bruja de Endor. La bruja de Endor era también una médium que había devuelto la vida al espíritu de un profeta muerto llamado Samuel para que Saúl, el rey hebreo, pudiera hacerle algunas preguntas. A principios de los años 80, algunos científicos se interesaron por el espiritismo y pronto se convirtieron. Aunque algunos estafadores utilizaban trucos de magia para hacer creer a la gente que estaban en contacto con los espíritus, había algunos médiums auténticos.

La comunicación con los espíritus en la actualidad

Un estudio realizado por Julie Beiscel y Gary E Schwartz demostró que algunos médiums pueden obtener información precisa sobre personas fallecidas. Otro estudio con al menos 1.000 participantes a lo largo de ocho años descubrió que algunos humanos pueden predecir el futuro. Los resultados de este estudio se publicaron en el artículo «*Feeling the future: Experimental evidence for anomalous retroactive influences on cognition and affect*», de Daryl Bem, en 2011.

Preguntas más frecuentes

¿Qué es la comunicación con espíritus?

La comunicación con los espíritus también se conoce como mediumnidad. Es la práctica espiritual de comunicarse con el mundo espiritual. Los practicantes son conocidos como médiums, y utilizan herramientas como las cartas del tarot, péndulos, y a menudo la escritura para realizar lecturas de los espíritus que han cruzado al mundo de los vivos en formas físicas o no físicas, así como otros seres espirituales. Los médiums suelen recibir mensajes sobre las lecciones espirituales que debemos aprender de las vidas pasadas para ayudarnos a crecer espiritualmente en esta vida y prepararnos para nuestra próxima existencia. Los médiums también ayudan a los espíritus a prepararse para pasar a mejor vida.

¿Adónde van los espíritus después de la muerte?

Los espíritus continúan existiendo y evolucionando después de la muerte de sus cuerpos. Muchos se trasladan a un reino no físico o espiritual llamado cielo o mundo de los espíritus. Un médium habla a menudo con espíritus que han pasado a este mundo desde el nuestro. A veces permanecen en el mundo astral que se superpone al nuestro, por lo que a veces podemos soñar con ellos o sentir su presencia, aunque no podamos verlos.

¿Cómo es el más allá?

Hay muchas ideas diferentes sobre cómo es el más allá. Muchos creen que es un lugar de paz, felicidad y aprendizaje para los que han fallecido, y puede ser un eterno retorno al mundo que conocíamos antes o uno en el que creamos algo totalmente nuevo. El más allá también podría ser simplemente la siguiente fase de la vida en la evolución del alma que ha seguido adelante. En otras palabras, es su próxima encarnación.

¿Puede alguien hablar con los espíritus?

Sí. Cualquiera puede aprender a ser médium. Es una habilidad que puede aprender, y no tiene que estar «dotado» para hacerlo. Necesita aprender las técnicas y acceder a sus habilidades médium innatas.

¿Cuánto tiempo se tarda en aprender a ser médium?

Todo depende de cuánto quiera aprender y cuánto tiempo quiera dedicarle. Hay muchas formas diferentes de aprender y practicar esta habilidad, por lo que no es como montar en bicicleta. Así que elija el camino correcto si quiere aprender el arte de la mediumnidad y cómo conectar con el mundo de los espíritus. Sólo tiene que seleccionar la herramienta con la que se sienta más identificado.

¿Cómo me convierto en médium?

Puede aprender mediumnidad asistiendo a clases o grupos, leyendo libros y practicando de forma independiente. Hay muchas formas de practicar y aprender a comunicarse con los espíritus de las personas. Muchas personas aprenden intuitivamente o a través de visitas de espíritus guías en sueños o visiones. La idea es abrir su mente y su corazón a las posibilidades del más allá, para que pueda comunicarse con aquellos que han fallecido. Leer este libro es un buen comienzo.

¿Tendré problemas por contactar con espíritus?

No, no infringe ninguna ley por contactar con espíritus. La mayoría de la gente se abre a la mediumnidad para conectar con sus seres queridos que han fallecido. No hay nada malo en ello.

¿Es seguro comunicarse con los espíritus?

Sí, es seguro y una experiencia muy positiva. Puede ser una forma de establecer una línea de comunicación con el mundo de los espíritus. En algunos casos, los espíritus también pueden utilizar a los médiums como mensajeros de aquellos que han fallecido, lo que puede ser muy gratificante.

Capítulo 2: Cómo aprovechar sus habilidades psíquicas

Vivimos en una época en la que muchos buscamos orientación. Ya sea sobre carreras profesionales, relaciones, enfermedades o simplemente sobre cómo vivir nuestras vidas de forma más intencionada. Encontrar respuestas de fuentes tradicionales puede llevarle a un largo y tortuoso viaje de frustración e incertidumbre. Nos hemos alejado de la religión, hemos perdido la fe en los funcionarios del gobierno y en los médicos, y confiamos en la ciencia para obtener todas las respuestas. Pero, ¿y si hubiera algo más? ¿Y si pudiera contactar con los que tienen las respuestas en el reino de los espíritus? ¿Y si pudieran darle respuestas claras, orientación y dirección? Si quiere, puede conseguir todo eso y mucho más. Todo lo que necesita hacer es trabajar con sus sentidos psíquicos. Hay cuatro habilidades psíquicas conocidas como los cuatro *clairs*. Éstas son:

La clarividencia se refiere a la capacidad de «ver claramente»
https://www.pexels.com/photo/a-woman-holding-a-locket-7278743/

- Clarividencia
- Clariaudiencia
- Clarisentencia
- Claricognición

Todas las clarividencias se consideran percepción extrasensorial, o PES, porque se supone que son extensiones de nuestros cinco sentidos. Algunos psíquicos y ocultistas tienen ideas diferentes. Creen que los sentidos físicos no son la raíz de los sentidos extrasensoriales, sino que son una manifestación física que proviene de los sentidos psíquicos. No es fácil demostrar esta teoría, pero se alinea con una perspectiva post-materialista, que sostiene que todo surge de la conciencia, y sin conciencia, nada existiría. Tenga en cuenta que existen otras clarividencias además de estas cuatro, pero éstas son las más comunes.

Clarividencia

La clarividencia es un término que a veces se utiliza para referirse a todas las habilidades psíquicas bajo el sol, pero en realidad se refiere a la capacidad de «ver con claridad». Es la capacidad de percibir acontecimientos e imágenes a distancia y a través del tiempo. A veces, se considera una extensión de la vista normal.

A la luz de la opinión de que todas las cosas proceden de la conciencia, se podría suponer que eso significa que todo el mundo es clarividente. La mayoría de la gente tiene su primer contacto con la clarividencia en la infancia, mientras que otros descubren esta capacidad de adultos. A su alrededor hay energías sutiles de las que puede que no sea consciente todo el tiempo, pero eso no significa que no interactúe con ellas. Aquellos con una clarividencia muy fuerte probablemente percibirán estas energías con facilidad, sin entrenamiento ni esfuerzo. En general, la capacidad de clarividencia es accesible a todos y puede estar latente en usted. Puede reactivar esta capacidad. Por ejemplo, puede practicar ver y leer las auras, energías sutiles que rodean a todos los objetos y seres vivos.

La clarividencia tiene mucho que ver con todo tipo de experiencias que implican las capacidades ampliadas de la vista. También existe la clarividencia interior y la exterior. La última versión de esta habilidad permite ver las energías y los espíritus como una superposición sobre su espacio físico, como es el caso de aquellos que pueden ver la manifestación física de los espíritus. Es como la realidad aumentada. La clarividencia externa permite ver a los espíritus con tanta claridad que son tan reales como cualquier otra persona normal a su alrededor. A veces, los seres no se ven como manifestaciones claras, sino como sombras que se mueven, chispas de luz, orbes resplandecientes, etc. La capacidad de percibir cualquier reino aparte del físico y las energías sutiles utilizando sólo los ojos es una forma de clarividencia externa.

Luego está la cuestión de la clarividencia interior. Aquí, ve cosas con el ojo de su mente. Es casi como la imaginación, salvo que no manipula necesariamente las imágenes que obtiene como haría si estuviera soñando despierto. Ve las cosas en la pantalla de su mente. Algunos ejemplos de clarividencia interior son los sueños psíquicos, la visión remota, la precognición y la premonición.

La historia de Martin: «*Recuerdo haber tenido visiones extrañas desde que tenía cuatro años. Cuando tenía unos siete, mi madre y mi padre me llevaron de viaje a visitar a unos amigos suyos en Lagos (Nigeria). En cuanto entré en su patio, miré la casa y lo que vi fue inexplicable y aterrador. La casa se derrumbaba y me preguntaba por qué mis padres intentaban que entrara. No paraba de decir: "La casa se está cayendo" y de asustarme, pero me calmaron y me hicieron entrar de todos modos, y en cuanto crucé la puerta principal, todo parecía normal. Nos fuimos dos semanas después. Aún recuerdo a mi padre hablando por teléfono con su* amigo mientras exclamaba: *"¡No!". Mi madre, curiosa, le preguntó qué pasaba. Resultó que la casa de sus amigos se había derrumbado un mes después. Afortunadamente, salieron bien parados. Nunca he olvidado aquella experiencia. Después de aquello, recuerdo que pensé que ya no quería ver las cosas antes de que ocurrieran»*.

¿Clarividencia o sólo imaginación?

Tiene que ser capaz de distinguir entre lo que imagine y lo que es un mensaje real de los espíritus a través de su clarividencia. Cuando recibe imágenes de los espíritus, no es usted quien controla lo que ve. No puede doblar o torcer la información para que se muestre otra cosa. Simplemente aparecerá en el ojo de su mente sin que intente que suceda. Si siente alguna fuerza o esfuerzo por su parte cuando ve imágenes en el ojo de su mente, lo más probable es que sólo esté imaginando.

Cómo desarrollar la clarividencia

Trabaje más con su visualización e imaginación

Cada vez que utiliza su imaginación, despierta su capacidad clarividente. Esto se debe a que su imaginación u ojo de la mente es el medio a través del cual recibe las imágenes que obtiene. Cuanto mejor sea imaginando, más fácil será desarrollar su clarividencia.

Visualice su tercer ojo

Imagine que tiene un tercer ojo situado justo encima y entre los dos ojos. Usted ya tiene un tercer ojo, aunque no sea capaz de verlo. En este ejercicio de visualización, imagine que este tercer ojo está cerrado. Luego, imagine que el párpado se abre lentamente. Este ejercicio de visualización tiene como objetivo ayudarle a llevar a su mente subconsciente la intención de despertar su clarividencia dormida. Si realiza este ejercicio con regularidad durante al menos cinco o diez minutos al día, alimentará su intención con energía y esto hará que su tercer ojo real siga su ejemplo.

Trabajar con cristales

Puede acostarse con un cristal de lapislázuli o una amatista bajo la almohada, con la intención de despertar sus capacidades psíquicas. También puede colocar el cristal donde se encuentra su tercer ojo para que despierte esa visión interior que es la suya. Tenga en cuenta que puede haber otros cristales que le atraigan para este propósito, así que simplemente debe seguir lo que le atraiga.

Comience con los ojos cerrados

Cuando se trata de desarrollar la clarividencia, puede encontrar que la clarividencia interior es mucho más fácil para empezar que la exterior. Por lo tanto, debe cerrar los ojos durante al menos cinco o diez minutos al día y luego declarar su intención en voz alta o en voz baja para usted mismo de que está abierto a ver lo que el espíritu con el que está trabajando crea que es importante que vea.

Utilice afirmaciones

Puede trabajar con afirmaciones, como «Soy extremadamente clarividente», para ayudarse. Para ello, siéntese cómodamente, cierre los ojos y repítalo con convicción durante al menos diez o quince minutos. Puede que su mente discuta con usted, pero no es el momento de ser razonable o racional. Confíe en que sus palabras determinarán su experiencia. Si quiere afirmaciones aún más poderosas, puede formularlas como si ya fueran cosas del pasado. En otras palabras, podría afirmar cualquiera de las siguientes cosas:

- ¿Cómo llegué a ser tan clarividente? (Esto es una «afirmación»).
- Recuerdo cuando no era clarividente. Ahora lo veo todo.
- Es increíble cuánto he mejorado en clarividencia.

Puede trabajar con estas afirmaciones o redactarlas como mejor le parezca.

Practique la meditación todos los días

La práctica de sentarse a observar la respiración en silencio entre cinco y quince minutos al día puede despertar poderosamente las capacidades dormidas. Asegúrese de llevar algo cómodo y de estar libre de distracciones. Pida que no le molesten si no vive solo. A continuación, preste atención a su respiración mientras cierra los ojos. Inspire por las fosas nasales y espire con los labios ligeramente entreabiertos. Al hacerlo, su atención se desviará de la respiración. No pasa nada. Simplemente, vuelva a prestar atención a la respiración tantas veces como sea necesario y nunca se castigue por distraerse. El objetivo de este ejercicio es despertar a las energías sutiles que le rodean, ayudarle a canalizar su atención hacia donde quiera y abrirse a los mensajes que los espíritus que le rodean puedan tener para usted.

Clariaudiencia

La clariaudiencia es «audición clara», lo que significa que se trata de ser capaz de oír a los espíritus. A veces es la vocecita que oye en su interior cuando está a punto de hacer algo o de ir a algún sitio que no debería o cuando le están guiando hacia algo que le ayudará enormemente en la vida. Otras veces, es muy fuerte y clara, a menudo paraliza y no da tiempo ni capacidad para cuestionarla. Esta voz llega a usted cuando tiene que tomar una decisión importante que podría alterar su vida para bien o para mal. Si no es clariaudiente por naturaleza, puede trabajar en ello. Si lo es, lo más probable es que la mayoría de sus mensajes lleguen de su Ser Superior y de otros espíritus a través de este medio. Recibirá mensajes a través de canciones, palabras, sonidos y más. Los mensajes pueden venir de dentro o de fuera. También puede experimentar escuchar a los espíritus cuando se acuesta, se despierta o sueña.

Los clariaudientes, por naturaleza, oyen más que una persona normal. Las personas a las que no les gustan los sonidos fuertes son probablemente clariaudientes, aunque no sean conscientes de ello porque son más sensibles a los sonidos que los demás. Los clariaudientes también suelen experimentar zumbidos en los oídos, y no, no es tinnitus. Sienten este zumbido o tono agudo en los oídos porque los espíritus les piden que presten atención al momento o que sintonicen con su oído interno y escuchen.

Algunas de las personas más clariaudientes son músicos o tienen inclinaciones musicales. Muchas de ellas oyen canciones melodiosas en su interior, o tienen sueños de melodías que saben que no se les habrían ocurrido antes de ponerlas por escrito. Si usted también quiere desarrollar esta capacidad, tiene que empezar a trabajar más conscientemente con su audición para poder afinarla.

> ***La historia de Charity:*** *«A menudo me había preguntado por el comportamiento de mi marido hacia mí en los días previos a lo que yo llamo "el final". Recuerdo que no sabía qué era lo que iba mal y que hablar con él no resolvía las cosas. No estaba haciendo nada que yo pudiera señalar como malo, y durante un tiempo me pregunté si estaba paranoica. Harta de sentirme así, quería que la sensación cesara, así que esa noche pedí ayuda a mi guía. Al día siguiente, mientras él estaba fuera trabajando y yo en casa, oí un mensaje muy claro en mi mente: "Ve a conectarte al viejo portátil que tu marido abandonó hace dos meses". Tomé el cacharro y lo*

encendí. Nunca supe su contraseña ni se la pedí, así que me quedé mirando la pantalla, confusa. Entonces oí una palabra: "Novia". Nunca había oído esa palabra, pero decidí teclearla. Me quedé atónita al ver que la contraseña funcionaba de verdad. Esta voz me mostró muchas cosas que no tenía ni idea de que estaban ocurriendo bajo mi techo. Descubrí que mi marido me había estado engañando. Me había sido infiel durante más de dos años y había planeado dejarme en un par de meses. Por fin fui libre y feliz».

Cómo desarrollar la clariaudiencia

Preste atención a los sonidos que le rodean

Cada noche, cuando se vaya a la cama, túmbese en la oscuridad y preste atención a lo que oye. Debería hacerlo por la noche porque es más fácil que se convierta en un hábito cuando lo asocia a algo que tiene que hacer todos los días; *no puede vivir sin dormir*, así que la hora de acostarse es un buen momento para practicarlo. Preste atención a todos los sonidos cercanos y lejanos. Normalmente, cuando necesita concentrarse en algo o quiere dormir, desconecta de estos sonidos. Debería empezar a hacer lo contrario. Mientras lo hace, fíjese en cada sonido que compone el ruido general que puede oír. Algunos son más sutiles que otros. Practicar esto durante una semana puede darle resultados alucinantes.

Mantenga su mente en sintonía con los mensajes clariaudientes

Sólo tiene que visualizar una radio. Enciéndala. Suponga que una de las emisoras que puede sintonizar con esa radio es su intuición, los espíritus de sus antepasados o cualquier otra cosa con la que quiera conectar. Imagínese sintonizando esa frecuencia. Si quiere, imagine que esto trae a sus guías espirituales alrededor de una mesa con usted, listos para responder a cualquier pregunta que pueda tener. Observe si recibe algún mensaje de ellos. A veces, las voces que llegan serán muy claras para que sepa exactamente lo que están diciendo. A veces, oírlas puede no ser fácil, o puede que no reciba nada. Si es así, no es razón suficiente para rendirse. Continúe con esta práctica y descubrirá que funciona mejor para captar mensajes clariaudientes.

Practique la meditación a diario

Como todas las demás clarividencias, esta habilidad puede perfeccionarse sentándose en silencio a diario. Recuerde que no necesita más de quince minutos.

Utilice afirmaciones

Puede hacer esto justo después de su sesión de meditación para que esté en un modo receptivo a las sugerencias que le está dando a su mente subconsciente. Puede utilizar las siguientes afirmaciones:

- *Oigo claramente lo que los espíritus tienen que decirme todo el tiempo.*
- *Recuerdo cuando no podía oír nada de los espíritus. Ahora puedo oírlos todos los días.*
- *Mi capacidad de clariaudiencia está en su apogeo.*
- *Mis oídos internos están siempre abiertos a lo que los espíritus tienen que decirme.*

Otras cosas que pueden ayudarle a desarrollar esta habilidad son:

1. Establecer una intención clara de que quiere utilizar esta capacidad. Escribirlo hace que sea más probable que ocurra.
2. Decidir no tener miedo de lo que oiga, sea bueno o malo. Tener miedo es una buena manera de bloquear su clariaudiencia, ya que su Ser Superior no está interesado en asustarle innecesariamente.
3. Utilice ritmos binaurales en Internet para ayudarle a ser más clariaudiente.

Clarisentencia

La clarisentencia es «sentir con claridad». Es un don muy utilizado por muchas personas a diario. Básicamente consiste en dejarse guiar por sus sentimientos. Por ejemplo, puede sentirse mal en un momento dado, y entonces decide alejarse de donde está en la acera, sólo para que ocurra un accidente justo donde estaba parado hace unos momentos. O puede que se sienta raro y, al darse la vuelta, descubra que es porque alguien lo ha estado mirando fijamente durante mucho tiempo.

Los mensajes de clarisentencia llegan a través de sentimientos viscerales, empatía y sensaciones físicas. Cuando se trata de sus sentimientos viscerales, son emociones fuertes que recibe y que casi puede sentir físicamente en su cuerpo. Piense en el miedo intenso o la excitación. Sabe que sus acciones son correctas cuando siente algo bueno en sus entrañas. Cuando se pone enfermo, sabe cómo salir de la situación. Si hiciera más caso a su instinto, probablemente tendría menos problemas que ahora.

La empatía es lo que le permite saber cómo se sienten los demás o cómo es ser ellos. Facilita experimentar la vida como otra persona, pero si no tiene cuidado, puede tener problemas para distinguir qué emociones son suyas y cuáles no, sobre todo si es empático. Cuando se trata de la clarisentencia a través de las sensaciones físicas, puede notar un cosquilleo a lo largo de la columna vertebral, un escalofrío, un cambio en la presión o la temperatura del aire o cosquillas. Éstas son sólo algunas de las sensaciones que experimenta cuando conecta con los espíritus a través de la clarisentencia.

La historia de Lulu: «*Es curioso, pero cuando estoy a punto de tomar una decisión sobre algo, siento punzadas muy incómodas en el cuerpo cuando es una mala decisión, y cuando es una buena, siento como si me soplara aire frío en la parte superior de la cabeza. La única vez que hice caso omiso de esto y seguí adelante con algo por lo que sentía punzadas, no funcionó. Lección aprendida*».

Cómo desarrollar la clarisentencia

Lea las energías de los demás

Pídale a un buen amigo que saque una foto de alguien que conozca y que usted no conozca. Mie los ojos de la persona en la foto para fijarse en su energía. ¿Es positiva o negativa? Realice preguntas sobre esa persona, por ejemplo, cómo es como persona. Pregúntese si puede captar algo de sus ojos y comuníqueselo a su amigo. Su amigo le dirá si ha acertado o no. Inténtelo tantas veces como pueda hasta que se le dé mejor.

Practique la psicometría

Este es un ejercicio en el que tomará un objeto que pertenezca a alguien. Tiene que ser algo que la persona haya usado a menudo, ya que cuanto más usa algo, más absorbe su energía. A medida que desarrolle su clarisentencia, debería ser capaz de leer la energía residual de los objetos. Sostenga el objeto en sus manos durante un minuto o más y fíjese si capta energía positiva o negativa.

Preste atención a sus chakras

En este ejercicio, conectará con sus propios centros energéticos y leerá la energía que desprende. Antes de hacer este ejercicio debe aprender sobre los chakras. Es un buen ejercicio porque aprenderá más sobre cómo se siente y qué emociones encarna cada vez que lo haga. Siéntese o túmbese en una postura cómoda y empiece por el primer chakra o chakra raíz. Imagínelo como una rueda u orbe de luz de colores que gira y deje que la luz se extienda fuera de su cuerpo al menos unos centímetros. A continuación, compruebe cómo se siente con respecto al chakra y observe qué emociones surgen. También puede notar ciertas sensaciones en su cuerpo que le permitirán saber cómo va realmente en la vida.

Claricognición

La claricognición es «saber con claridad». Si tiene claricognición, tiene una forma de saber cosas que no debería saber sin que nadie se lo diga. Obtiene la información en forma de pensamiento de los espíritus con los que interactúa. A veces, es sólo un pensamiento, y otras veces recibe bloques de pensamientos llamados «descargas» porque parece que se descargan en su mente. Puede tener ideas inspiradas sobre situaciones, personas y lugares. El que posee claricognición suele creer firmemente que lo que sabe es cierto, aunque no pueda decir lógicamente por qué. A menudo, la información que obtienen resulta ser exacta.

A las personas con claricognición les suele gustar mucho trabajar con la mente. Son personas con talento mental a las que les encanta analizar las cosas y descomponerlas en su mente. Estas personas son excelentes solucionadoras de problemas y buenas para ver las conexiones entre las cosas que otros pasarían por alto. Estas personas tienen una respuesta para todo, incluso cuando eran niños, y probablemente fueron desairados por ser «sabelotodos». Esta capacidad no es muy conocida, ya que hay más gente que conoce la clariaudiencia y la clarividencia. Que este poder sea sutil no significa que no sea eficaz y poderoso. La claricognición también puede expresarse a través de la escritura automática y la canalización. Puede tener una idea realmente asombrosa o saber de algún modo cómo va a funcionar algo. Puede que tenga la sensación de que alguien está siendo deshonesto, o que sepa que debe dejar pasar una oportunidad porque hay algo en ella que no le conviene. En esos casos, es posible que haya experimentado la claricognición.

La diferencia entre la claricognición y sus pensamientos es que su mente consciente no puede controlar los mensajes claricognitivos. Sólo puede ser testigo de la información. Con la claricognición, si confía en su capacidad, lo más probable es que nunca cuestione un mensaje de este tipo. Además, sus pensamientos recurrentes están arraigados en el ego, y el ego trabaja para mantenerle a salvo de la decepción, la vergüenza o el fracaso. La claricognición está más allá del ego y tiene sus raíces en la sabiduría. También exige que actúe sobre la información basándose en la fe.

La historia de Hailey: «*Me he dado cuenta de que siempre que algo me confunde o me estresa, lo único que tengo que hacer es decidir que las respuestas y las soluciones llegarán a mí cuando estén listas y luego olvidarme del problema. Me asalta la idea de abordar el problema de una determinada manera, y normalmente es la decisión correcta. También ha habido ocasiones en las que debía participar en algo en lo que siempre he querido participar, sólo para despertarme por la mañana con la firme certeza de que no debía salir de casa. Normalmente, más tarde acabo viendo por qué fue una buena idea seguir ese consejo. O bien me entero de que el evento al que tenía que ir no ha tenido lugar, o descubro que hay algo mejor y más fácil preparado para mí*».

Cómo desarrollar la claricognición

Practicar la escritura automática

Ésta es una buena forma de mejorar la claricognición. Tome un trozo de papel o inicie un nuevo documento en su computadora. Dígale al espíritu con el que está trabajando que le gustaría ponerse en contacto con él. Puede hacer preguntas o dejar que hable de lo que quiera. Cuando escriba, no piense. Simplemente anote lo primero que le venga a la mente, aunque parezca un galimatías o no tenga sentido inicialmente. No lo juzgue, no lo cuestione y no tenga expectativa sobre cuál puede ser el mensaje. Su mente consciente sólo está ahí para ser testigo, no para controlar las cosas. Puede que no tenga sentido los primeros intentos, pero después de un tiempo, algunas pepitas de oro empezarán a fluir a través de usted. Con el tiempo y la práctica, no necesitará sentarse demasiado tiempo antes de que la información empiece a fluir.

Establecer la intención de ser más claricognitivo

Escriba su intención en un lugar donde pueda verla. Puede escribirla a primera hora de la mañana y también a última hora de la noche.

Reserve tiempo para recibir mensajes de su intuición o espíritu

Puede hacer esto después de meditar, así tendrá la mente más propicia para saber lo que necesita.

Trabaje con su chakra corona

Este chakra se encuentra en la parte superior de la cabeza. Imagine un vórtice de luz blanca que gira sobre su cabeza. Sienta cómo se abre, utilizando su imaginación. Imagine una corriente de luz que fluye a través de ese centro de energía. La corriente de luz es conocimiento espiritual y sabiduría. A continuación, formule sus preguntas mentalmente y siéntese a esperar a que le lleguen las respuestas. Practique esto diariamente para obtener los mejores resultados.

Capítulo 3: Preparación para el trabajo espiritual

Ya conoce el dicho: «Una preparación adecuada evita un mal desempeño». Así que este capítulo está dedicado a todo lo que necesita saber sobre cómo prepararse para su viaje espiritual. No puede decidirse a empezar a trabajar con espíritus sin antes sentar las bases para el éxito, lo que significa preparar su mente, cuerpo y espíritu para la tarea que tiene por delante. Si no toma tiempo para prepararse, puede encontrar dificultades en el camino. Por ejemplo, puede tener problemas para establecer una conexión clara con el espíritu al que quiere llegar. Peor aún, puede atraer la atención de seres espirituales que quiere evitar a toda costa. También es posible que cada sesión que pasa comunicándose con espíritus tienda a dejarle agotado y sin ánimos. Si ese es el caso, puede ser difícil disfrutar de la práctica, por no hablar de seguir con ella, y puede perderse todo tipo de cosas buenas.

Antes de realizar cualquier trabajo espiritual, debe conectarse a tierra
https://www.pexels.com/photo/women-holding-hands-at-a-table-with-burning-candles-7267684/

¿Qué es la conexión a tierra?

La conexión a tierra conecta con la energía de la Tierra. ¿Cuál es la teoría? Se cree que la Tierra transmite una energía fiable y enraizada, un recurso para afrontar los momentos difíciles. ¿Quién puede conectarse a tierra? Cualquiera puede, para eliminar la energía negativa de su cuerpo y así sentirse mejor y estar más abierto a las energías sutiles del mundo espiritual. Además, ayuda a tener la mentalidad adecuada para el trabajo que tiene por delante.

Antes de realizar cualquier trabajo espiritual, debe conectarse a tierra porque el proceso de mediumnidad y desarrollo espiritual puede elevar sus niveles de energía a niveles poco saludables. Y ya que estará ayudando a los espíritus con sus asuntos, no querrá ninguna enfermedad relacionada con la energía, como presión arterial alta, dolores de cabeza o mareos. Además, no querrá crear una situación en la que se deje llevar tanto por el trabajo espiritual que deje de ocuparse de las cosas mundanas del día a día.

Meditación de conexión a tierra

Esta meditación se utiliza para centrar su energía. Si nunca ha meditado antes, busque un espacio tranquilo donde pueda relajarse y no le interrumpan. Puede mantener los ojos abiertos o cerrados, pero se recomienda que los mantenga cerrados. Puede acostarse en el suelo, sentarse en él o en una silla, pero asegúrese de que sus pies están descalzos y firmemente plantados en el suelo debajo de usted.

Apoye ligeramente las manos sobre el estómago (o sobre la superficie de su esterilla de yoga o la superficie que le rodea). Recuerde que sus intenciones son el factor más importante en este ritual, así que, si quiere sentirse más ligero, más presente o con más energía, no se centre sólo en la respiración, sino en la intención. Empiece a inspirar lentamente por las fosas nasales y a espirar por los labios ligeramente entreabiertos.

Imagine una potente luz roja que sube a través de la tierra y entra en su cuerpo por donde conecta con el suelo. Deje que esta luz traiga la energía que necesita o le quite la que no necesita. Para lo primero, vea la energía moviéndose desde la tierra hacia su cuerpo. Para lo segundo, vea la energía caótica de su cuerpo en forma de humo negro moviéndose hacia la tierra para ser absorbida por su luz roja. Si no se le da bien la visualización, puede imaginar la sensación de la energía fluyendo en la dirección que desee. Continúe hasta que se sienta centrado y con los pies en la tierra.

Despejar la mente

Antes de realizar un trabajo espiritual, su mente tiene que estar despejada para que pueda concentrarse en lo único que importa: la intención que tiene para el trabajo que va a realizar. No puede escapar de su mente, así que debe hacer todo lo posible para mantenerla clara y libre, porque así es como se obtienen los mejores resultados cuando se trabaja con espíritus. Las siguientes son cosas que puede hacer para despejar su mente para la tarea que tiene por delante.

Anotar sus sentimientos o pensamientos a medida que surjan

A veces, tendemos a cambiar de opinión tan rápidamente que ni siquiera nos damos cuenta de lo enfadados o tristes que podemos llegar a estar hasta que es demasiado tarde y meditamos de mal humor. Si lo escribe antes de meditar, podrá analizar sus sentimientos y, posiblemente, descubrir que no se basan simplemente en una situación actual, sino en algo más profundo.

Pasear por la naturaleza

Una de las cosas más bonitas que puede hacer es pasear junto al río. Cuando está en la naturaleza, puede sentir los espíritus que le rodean, y cuando pasea junto al río, los árboles o a la luz del sol, parece que está en su elemento natural. No hay nada mejor que respirar aire fresco y pasear entre árboles y hierba. Tampoco hay nada que dé más paz que sentirse uno con la naturaleza mientras se toma un tiempo de su agenda para alejarse de la sociedad y simplemente estar con usted.

Meditar sobre el aspecto espiritual del problema

A veces, estamos tan atrapados en la idea de que tenemos que mantenernos ocupados con nuestras vidas que nos olvidamos de la espiritualidad. Si se siente abrumado, pregúntese primero si su vida está yendo de acuerdo con lo que se había propuesto o si hay algo más que quería hacer y que de algún modo se ha quedado fuera de su agenda. Si no es así, pregúntese qué es lo que quiere y cómo puede vivir de forma que no le cause estrés. Si se trata simplemente de que está demasiado ocupado y no pasa suficiente tiempo con su familia o amigos o haciendo las actividades que son importantes para usted debido a sus obligaciones escolares, laborales, etc., pregúntese si ha hecho todo lo posible para que las cosas funcionen. Y si la respuesta es no, entonces es el momento de reevaluar cómo va su vida.

Meditar para encontrar lo que necesita

A veces, es difícil tener la mente despejada si está luchando contra el estrés y otros problemas de la vida. La mayoría de las personas que quieren meditar quieren deshacerse de su estrés. Al menos a corto plazo. Pero es importante entender que la meditación no consiste en deshacerse de nada. Se trata de encontrar lo que necesita. El estrés es el resultado de necesidades no satisfechas. El primer paso suele ser aceptar la situación por el momento, pero después tiene que preguntarse qué necesita hacer para encontrar fuerzas y crecer como persona. A veces está bastante claro, otras no. Por ejemplo, si siente que la vida va demasiado deprisa y quiere un descanso de la locura de su vida, hágalo, pero si necesita encontrar algo espiritualmente poderoso dentro de usted, intente meditar sobre ello. Si esto parece una tarea demasiado difícil, intente meditar para darse cuenta de cómo se siente, de modo que puede liberarse de lo que no se sirve.

No tema pedir ayuda

No tenga miedo de buscar un profesor que pueda enseñarle técnicas que ayuden a despejar la mente si nada de lo que hace funciona. Pida lo que necesite al universo para que le ayude en el camino, y haga todo lo posible por esforzarse honestamente. Mientras esté haciendo todo lo posible y cuidando su energía, los espíritus vendrán con la forma correcta de ayuda para usted.

Cómo elevar su vibración

Hay muchos ejercicios para elevar su vibración para el trabajo espiritual, incluyendo la visualización, la meditación, tocar tambores y bailar. Veamos algunos.

Meditación: Esto se puede hacer sentándose en un cojín o sofá con los ojos cerrados. Concéntrese en visualizar una luz blanca en el centro de su ser, que se expande desde usted hacia el universo. También ayuda utilizar un objeto como punto focal durante la meditación, como una vela o una bola de cristal.

Bailar y tocar el tambor: En este tipo de prácticas, se recomienda incorporar el movimiento para alcanzar niveles más elevados de conciencia y conocimiento. Hay muchos vídeos de tambores chamánicos que puede encontrar gratis en Internet para ayudarle a elevar su vibración.

Mantras: Los mantras son una gran manera de conectar con su yo superior y ayudar a elevar su vibración. Hay muchos tipos diferentes de mantras, por ejemplo, el mantra de «la paz esté con usted» «Om Shalom Shanti» o el «Om Mani Padme Hum», que significa «Salve la joya del loto».

Compartir intenciones: Esta práctica ha sido utilizada por los nativos para llegar a las personas de las que desean obtener orientación o tal vez simplemente para hacer saber a sus seres queridos que están pensando en ellos. Esta práctica puede realizarse prácticamente en cualquier lugar y en cualquier momento. Cuando haya establecido la intención, simplemente pronúnciela en voz alta y siéntala en su corazón.

Sintonizar: Esta práctica se utiliza cuando necesitamos sintonizar con nuestro yo superior o para ayudarnos a ser conscientes de la energía de los demás. También es una buena forma de ponernos en contacto con la conciencia colectiva, que puede proporcionarnos guía e inspiración. Se puede simplemente sintonizar usando la intención y enfocándose en la energía de su Ser Superior o de cualquier espíritu con el que quiera trabajar.

Visualización: La visualización es una práctica poderosa que puede ayudarle a alcanzar diferentes niveles de conciencia y conocimiento. Funciona ayudándole a ver su entorno de forma diferente creando imágenes en su mente de lo que quiere conseguir. Puede ser una imagen de usted mismo levantando una bola de energía hacia el universo, una imagen del resultado final que quiere obtener al interactuar con los espíritus o una escena con sus guías espirituales o seres queridos. Cuando tenga esta imagen en mente, utilice su intención y concéntrese en esta visión hasta que se haga real para usted.

Afirmaciones positivas: Tener afirmaciones positivas es tan importante como tener intenciones. Las afirmaciones positivas son afirmaciones sobre nuestras vidas que creemos que son ciertas o que queremos que lo sean. En su mayoría son afirmaciones positivas utilizadas para ayudarle a validarse a usted mismo y a su espiritualidad para elevar su vibración. Algunos ejemplos de estas afirmaciones incluyen: «Soy un ser de luz» o «Ya estoy realizando el trabajo que necesito hacer para alcanzar mis metas».

Simbolismo ocultista y por qué es importante

¿Qué es exactamente el ocultismo? El término «ocultismo» proviene de la palabra latina *occultus*, que significa oculto. Originalmente era un término para designar el conocimiento de lo sobrenatural que se mantenía en secreto y sólo se transmitía de generación en generación de maestro a alumno. La fuente de esta información podía ser de naturaleza mágico-religiosa o no. Abarcaba temas considerados tabú, como la astrología, la alquimia, la magia, la adivinación y la brujería.

Se cree que el conocimiento oculto tiene su origen en las religiones prehistóricas, cuando servía de puente entre el hombre y dios. Las antiguas religiones paganas tenían su propio conjunto de rituales y símbolos relacionados con distintos elementos de la naturaleza, las estrellas, las estaciones y los ciclos de la vida. Estos símbolos se utilizaban para transmitir mensajes específicos del mundo de los espíritus a las personas para que entendieran e interpretaran estos mensajes lo mejor posible. Los conocimientos sobre ellos se transmitían oralmente de una generación a otra. Más tarde, con la expansión de la alfabetización, empezaron a aparecer registros escritos. Fue entonces cuando algunas prácticas ocultas se generalizaron y se convirtieron en conocimiento común entre las distintas sociedades.

Muchas personas están interesadas en la espiritualidad y el trabajo ritual, pero no saben mucho sobre el ocultismo. Tener un conocimiento básico de lo que ocurre no sólo es interesante, sino también importante. Aprendiendo más sobre el ocultismo y sus símbolos, entenderá mejor con qué está trabajando durante sus rituales. No necesita saber demasiado, sólo lo suficiente para utilizarlo con fines personales. A medida que aprenda más, también comprenderá por qué y cómo se utilizan para su trabajo espiritual personal. También captará mejor los mensajes que los espíritus intentan compartir con usted.

Una semana de preparación para el trabajo espiritual

La siguiente es una rutina de preparación de siete días para ayudarle a comenzar su trabajo espiritual. Cuando se levante cada mañana o cuando se acueste por la noche:

1. **Conectar a tierra:** Se acaba de despertar y quiere estar plenamente presente. Puede sentarse en la cama con los pies en el suelo durante cinco minutos mientras respira conscientemente. Enraizarse al final del día está bien, así puede desprenderse de los restos energéticos del día.

2. **Meditar:** Cuando haya terminado de conectarse a tierra, es hora de meditar. Hágalo durante al menos cinco minutos y, como máximo, diez. Puede empezar a meditar directamente desde el proceso de enraizamiento. Esto ayudará a despejar la mente y a entrar en el espacio mental necesario para recibir comunicación psíquica.

3. **Visualizar cómo se abren sus chakras:** Si no es bueno visualizando, imagine la sensación de más energía fluyendo a través de cada chakra, desde el chakra raíz hasta el de la coronilla.

4. **Afirmaciones:** Afírmese a usted mismo que ahora es sensible a todo ser espiritual bueno con las mejores intenciones y el bien más elevado en mente. Formule esta afirmación como quiera. No se sorprenda si comienza a sentir presencias a su alrededor.

5. **Proyección:** Ahora, trasládese mentalmente a un momento en el futuro en el que sea muy hábil comunicándose con los espíritus. Imagine que acaba de terminar una sesión con ellos y deles las gracias. Sienta un profundo agradecimiento en su corazón por la claridad de sus mensajes. Haga esto durante cinco minutos.

Si no quiere hacer todos estos pasos a la vez, puede dividirlos como quiera, de modo que haga unos al levantarse y los otros al acostarse. Hágalo con constancia durante siete días y verá resultados fenomenales.

Capítulo 4: Canalizar a los espíritus

Ahora que ha pasado por la semana preparatoria, está listo para empezar a trabajar con el reino espiritual y sus habitantes. Lo ideal es que espere a terminar de leer el libro antes de comenzar su práctica, especialmente el último capítulo, que contiene información pertinente que debe tener si quiere practicar el trabajo con espíritus de forma segura y poderosa. Debe saber cómo limpiarse antes y después del trabajo para evitar problemas.

Es un hecho conocido que la mejor manera de profundizar en la verdad de nuestra existencia es entrar en estado de trance
https://www.pexels.com/photo/a-woman-sitting-at-the-table-7278733/

En este capítulo, aprenderá a entrar en estado de trance, los pasos para entrar en trance y cómo puede transmitir sus preguntas e intenciones a los espíritus con los que está trabajando. También aprenderá la importancia de cerrar la conexión cuando haya terminado y cómo hacerlo. Antes de entrar en toda esta información, tenga cuidado con buscar deliberadamente entidades negativas con intenciones maliciosas. Idealmente, debería tener espíritus amistosos como sus antepasados a su alrededor cuando trabaje con otros espíritus para que puedan mantenerle a salvo en caso de que haya algún asunto raro por parte de otros espíritus con los que esté tratando.

¿Qué es el estado de trance?

Entrar en trance es una práctica antigua. Durante varios miles de años, los humanos han utilizado todo tipo de métodos para alterar el estado de su conciencia y poder conectar con los mundos invisibles. Muchas tradiciones, culturas y religiones incorporan estados de trance en sus prácticas espirituales. Es un hecho conocido que la mejor manera de profundizar en la verdad de nuestra existencia es entrar en un estado de trance. Independientemente de sus prácticas y creencias espirituales, descubrirá que el estado de trance es muy útil para profundizar en su viaje espiritual. Si quiere conectar con los espíritus, definitivamente debería aprender a entrar en trance. La pregunta es, ¿qué es eso?

Un estado de trance es un estado mental o de conciencia diferente de su conciencia de vigilia ordinaria, el cual está utilizando para leer este libro. En ese estado, no está ni totalmente despierto ni totalmente dormido. En otras palabras, el estado de trance se sitúa en el delgado límite entre la mente consciente y la subconsciente. El estado de trance es el que se alcanza cuando se está soñando despierto o desconectado. Hay que recordar cinco niveles de estado de trance.

Trance muy ligero: Es el nivel uno. En esta fase, su conciencia pasa a centrarse principalmente en lo que ocurre en su interior. En este punto, es consciente de lo que piensa y de cómo se siente física y emocionalmente. Si practica la meditación con regularidad, lo más probable es que ya sepa lo que es entrar en este estado de conciencia.

Trance ligero: Este es el nivel dos. Puede saber que está en este nivel porque la conciencia que experimenta será parecida a un sueño. Piense en lo que se siente al fantasear y perderse en mundos que ha creado en su mente. Esto es lo que se siente en este nivel de trance. Si está viendo la televisión, leyendo un libro o haciendo un viaje en el que ha estado tantas veces que no tiene que pensar mucho para encontrar el camino, significa que ha experimentado este trance.

Trance medio: El nivel tres de los estados de trance consiste en estar en la zona. También se conoce como estado de flujo. En este estado, no es consciente del paso del tiempo, de lo que le rodea e incluso de su cuerpo.

Trance profundo: Este es el nivel cuatro, y lo experimenta cuando está en el estado normal de sueño o tiene hipnagogia, que es el punto en el que se está quedando dormido y empieza a ver formas y colores que aparecen y desaparecen de los ojos de su mente, entre otro tipo de imágenes. Experimenta hipnagogia cuando su mente consciente empieza a perder el control y a relajarse durante el día. También puede notar que su mente se inventa las historias más extrañas en este momento, y puede sentir u oír alucinaciones e incluso tener la sensación de caerse, aunque esté en la cama.

Trance muy profundo: El nivel cinco es el último. En este punto, ya no tiene conciencia. Ni siquiera tiene sueños, sino que está comatoso a todos los efectos.

¿Por qué es importante el trance?

Cuando se trata de trabajo espiritual, los mejores niveles de trance para trabajar son de los niveles dos a cuatro. Es necesario estar en estado de trance cuando se trabaja con espíritus porque este estado de conciencia permite silenciar la mente consciente crítica, que tiende a interferir en la comunicación espiritual. Póngase primero en trance porque a su mente racional y consciente le gusta actuar como un obstáculo para la mente subconsciente. Su ego pretende mantenerle a salvo de cualquier cosa que considere una amenaza que, según su ego, es cualquier cosa que amenace su propia existencia. El problema con el ego es que hace que resulte difícil deshacerse de hábitos tóxicos, aprender otros nuevos y mejores y profundizar en su práctica espiritual porque le preocupa que pueda experimentar una pérdida del ego o la muerte del ego. Su ego utilizará todas las herramientas para frustrar su trabajo espiritual, incluyendo la escisión, la proyección, la negación y la represión.

El trance siempre se ha utilizado en el trabajo espiritual, ayudando a las personas a conectar con sus guías espirituales, familias del alma, antepasados y guías animales, entre otros seres del reino de los espíritus.

Muchas teorías explican cómo el trance puede ayudar a profundizar la conexión con el espíritu. Sin embargo, la más plausible es que la mente subconsciente de todo el mundo está conectada, creando algo llamado el subconsciente colectivo, un concepto sugerido por Carl Jung. También se le llama mente profunda o mente universal. A través de la mente profunda, podemos conectar con cualquier energía que queramos.

Cómo entrar en estado de trance

Puede utilizar los siguientes métodos para entrar en estado de trance, ya sea el trance ligero o el trance profundo. La forma en que trabaje con estos métodos depende de usted, pero tenga en cuenta que si lucha contra el trastorno esquizoafectivo, la esquizofrenia o cualquier otro tipo de enfermedad mental que sea profundamente problemática, debe consultar primero con su profesional médico para asegurarse de que está bien practicar estas cosas.

Utilice el trabajo respiratorio: Cuando respira siguiendo un cierto patrón y a un cierto ritmo, es probable que cambie su estado de conciencia. Hay varias prácticas yóguicas de respiración que pueden ayudarle. Por ejemplo, el pranayama es un trabajo respiratorio que ayuda a deshacerse de los escollos emocionales y mentales de su vida. También puede crear un estado de trance. Pruebe el *pranayama udgeeth*. Udgeeth significa «canto profundo y rítmico», y pranayama significa «trabajo respiratorio», «ejercicios respiratorios» o «dominio de la respiración y la energía». Con esta forma concreta de pranayama, cantará el mantra Om siguiendo un ritmo. Éstos son los pasos:

1. Siéntese en un lugar cómodo, preferiblemente sobre una superficie estable. Mantenga la columna elongada. Una manta doblada bajo las caderas puede ser un excelente apoyo si se sienta en el suelo. Plante ambos pies en el suelo de forma firme y plana si utiliza una silla.
2. Cierre los ojos o mantenga una mirada ligera.
3. Empiece a respirar profundamente por la nariz mientras deja que su cuerpo se relaje. Revise su cara, cuello y hombros para asegurarse de que no guardan tensión.
4. Mientras respira, asegúrese de que sólo su vientre se mueve hacia arriba y hacia abajo en cada inhalación y exhalación.
5. Haga todo lo posible para que las exhalaciones sean más largas que las inhalaciones, y no se esfuerce mientras respira.

6. Mientras respira, cante el Om y preste atención a cómo vibra el mantra. Fíjese también en cómo siente la respiración. Debe cantar lo suficientemente alto como para oírse y sentir la vibración, pero lo suficientemente bajo como para permanecer concentrado en su respiración al mismo tiempo.
7. Siga cantando mientras respira lentamente y mantiene la atención en la respiración. Cuando esté listo para salir, tómese un momento para sentarse en silencio y asimilar todo lo que ha recibido de la experiencia espiritual.

Utilizar mantras: Un mantra es un sonido o palabra que se repite para entrar en trance. No es lo mismo que rezar, que sólo conduce a un estado de trance ligero, ya que necesitará su mente consciente para rezar. Si le atrae la oración, puede probar diferentes formas, como utilizar un lenguaje que invente sobre la marcha, un lenguaje diferente al que está acostumbrado, etc. Hacerlo así le ayudará a eludir su mente consciente y racional.

Probar con tambores y sonidos chamánicos: Los chamanes trabajan con tambores porque ayudan a poner a las personas espirituales en un estado de trance para que puedan comenzar sus viajes chamánicos. Puede comprar un pequeño tambor (como un bongo o un tambor de mano) o trabajar con algunos sonidos de tambores chamánicos en línea. Los mejores sonidos son los repetitivos y sin voz. Si elige sonidos con voz, es mejor optar por algo que no esté en su idioma y, por tanto, no pueda distraerle. Otras herramientas excelentes son los ritmos binaurales e isocrónicos.

Mirar hacia arriba: Este método es sencillo. Siéntese en un lugar tranquilo y cómodo donde no le molesten ni distraigan y, a continuación, mire algo que esté por encima del nivel de sus ojos. Mantenga la mirada fija en ese punto y, mientras lo hace, fíjese en las paredes y otros objetos de su visión periférica mientras mantiene simultáneamente la atención en el punto situado justo encima de usted. Mantenga esta mirada durante por lo menos cinco minutos.

Hipnotismo: La autohipnosis es una herramienta increíble para entrar en trance y hacer su trabajo espiritual. Es más poderosa de lo que la mayoría cree, y es segura porque usted es quien decide la profundidad del trance, y nadie puede obligarle a hacer nada que no quiera hacer. Para hipnotizarse, permanezca en una habitación oscura. Asegúrese de que todo esté en silencio y de que no haya distracciones ni perturbaciones.

Túmbese y preste atención a su respiración. En su mente, repita una y otra vez: «Duerme... Duerme... Duerme profundamente... Duerme profundamente...». Haga esto durante varios minutos, lo más lentamente posible. Con el tiempo, notará que su cuerpo está más ligero y caliente que de costumbre, y su mente se calmará por completo. En este punto, está en trance.

Utilizar un péndulo: Puede mover el péndulo de un lado a otro delante de usted para entrar en estado de trance. Siéntese en un lugar tranquilo y cómodo, y luego dirija su atención al péndulo. Puede darle un suave balanceo para iniciar su movimiento, o puede utilizar el péndulo para moverse (se moverá debido al efecto ideomotor). Haga esto durante cinco o diez minutos y se encontrará en trance.

Ahora está en trance

Lo ideal es que, antes de entrar en estado de trance, tenga claras sus intenciones para comunicarse con los espíritus. He aquí algunas ideas que tal vez desee llevar a cabo:

- Puede que quiera hacer preguntas a los espíritus sobre sus vidas.
- Puede tener preguntas sobre una situación específica con la que está lidiando en su vida.
- Puede pedirles claridad sobre qué hacer a continuación.
- Puede preguntarles sobre verdades universales, como las leyes de la manifestación.
- Puede pedir a los espíritus que le muestren lo que más necesita saber en ese momento.
- Puede hacerles saber que está dispuesto a ser un canal para que hablen en su nombre o en el de otra persona.
- Puede pedir que fluya energía curativa a través de usted y hacia usted mental, física o emocionalmente.
- Puede asignarles una tarea para que le ayuden a detener a alguien que se está frustrando.

Sean cuales sean sus intenciones o preguntas, téngalas presentes mientras entra en trance. Cuando lo haga, lo siguiente es reafirmar esa intención o formular la pregunta en voz alta y luego sentarse y esperar. Si ha optado por la escritura automática, debe estar preparado con papel y bolígrafo. Si canaliza las respuestas del espíritu, resultará útil tener la aplicación de grabación de sonido del teléfono abierta y preparada.

Algunas sesiones no requieren que haga preguntas a los espíritus. En esos casos, puede simplemente sentarse con ellos en comunión silenciosa. Si se trata de una intención, sabrá que han decidido ayudarle cuando reciba un conocimiento interno u otros mensajes que indiquen que lo que desea es un hecho. Entonces puede sentarse en agradecimiento durante más tiempo o salir del trance.

Salir del estado de trance

No basta con saber cómo entrar en trance. También hay que saber salir de él. Cuando haya terminado de trabajar con los espíritus, debe darles las gracias y hacerles saber que su presencia ya no es necesaria, a menos que sean espíritus amigos como sus antepasados o un ser querido. Si son otros espíritus con los que no está familiarizado, debe darles las gracias e indicarles que abandonen su espacio. Después, vuelva a prestar atención a su respiración y permítase volver lentamente a la consciencia prestando atención a los sonidos que le rodean, a cómo siente su cuerpo y a cualquier otra cosa que pueda conectarse con el mundo material. Sienta el suelo bajo sus pies, fíjese a qué sabe su boca y siente lo que es estar presente. Por último, si cierra los ojos, ahora puede abrirlos. Si los tiene abiertos con una mirada suave, puede enfocar lentamente la habitación.

Limpiarse y limpiar su espacio

Al final de la comunicación espiritual, es importante que se limpie y limpie su espacio. Esto se debe a que no quiere ninguna energía residual persistente que pueda actuar como un imán, atrayendo a los espíritus de nuevo a su espacio donde pueden decidir tomar la agencia y hacer lo que quieran, que no siempre puede ser lo mejor para usted. Por lo tanto, no puede saltarse el proceso de limpiarse y limpiar su casa o el espacio en el que se comunicó con el espíritu. He aquí cómo hacerlo:

Utilizar agua salada: Cuando haya terminado con la canalización del espíritu y sepa que se han ido, puede rociarse agua salada de una botella con atomizador. La sal puede purificar la energía y eliminar cualquier energía rancia o mala a su alrededor. También debe rociar esta agua alrededor de su casa. Si no tiene una botella pulverizadora, simplemente asegúrese de tener un cuenco de agua con un poco de sal antes de empezar la sesión. Cuando haya terminado, sumerja la mano en el cuenco de agua salada y pásese los dedos por encima para que el agua caiga sobre su cuerpo. A continuación, vierta el agua en el aire que rodea su espacio para limpiar la zona. Si quiere, también puede darse un baño con agua salada y lavar con agua salada la ropa que utilizó para acercarse a los espíritus.

Utilizar un huevo: La limpieza con huevo es una práctica muy conocida en muchas culturas de todo el mundo. Basta con coger un huevo crudo y frotarlo contra el cuerpo, empezando por la coronilla y bajando hasta los pies. Asegúrese de utilizar movimientos descendentes. Debe ser como si empujara la energía desde su cuerpo hacia el suelo. Asegúrese de no volver a subir el huevo a ninguna parte del cuerpo que ya haya tocado. Al terminar, puede utilizar el mismo huevo para limpiar la habitación, caminando de una esquina a otra con el huevo en el aire hasta que haya cubierto todo el perímetro de la vivienda. A continuación, saque el huevo fuera de casa y rómpalo.

El método de la vela verde: Algunas personas utilizan una vela verde por sus propiedades limpiadoras. Enciéndala y camine alrededor de su casa, llevándola de nuevo a cada esquina hasta que haya cubierto todo el perímetro de su vivienda. Después, como hizo con el método del huevo, rompa la vela verde, que liberará su energía en la atmósfera para limpiar su espacio.

Nota final

Al llegar a los espíritus a través del trance, debe saber que es posible que no tenga éxito en el primer intento o incluso en los primeros intentos. Es importante que sea paciente. Siga practicando y, tarde o temprano, empezará a recibir mensajes del otro lado. También hay que decir una vez más que debe evitar cualquier entidad negativa. No las busque. Si alguien le pide ayuda para llegar a un espíritu que fue una mala persona en su vida pasada, lo más probable es que reciba un codazo intuitivo para que no lo haga. Haga caso cada vez que aparezca. Además, si resulta que está conectando con un espíritu, y algo se siente mal, cierre la conexión inmediatamente diciéndole educada pero firmemente que debe abandonar su espacio, ya que cerrará la sesión de inmediato. No espere una respuesta porque no necesita su permiso para terminar la sesión. Termínela, límpiese y limpie su espacio, y pida la protección de sus espíritus ancestrales amigos.

La comunicación con los espíritus puede ser una experiencia emocionante y enriquecedora. Aun así, es importante que se asegure de tener las herramientas y los conocimientos adecuados para hacerlo. Si no toma las precauciones de seguridad adecuadas, esa emoción podría convertirse rápidamente en ansiedad o miedo.

Un estado de trance es un estado psicológico considerado un nivel elevado de funcionamiento cognitivo en hipnosis en el que las personas parecen más sugestionables de lo habitual. Entrar en este estado antes de comunicarse con los espíritus tiene varias ventajas. Una de ellas es separar la mente consciente de todos los estímulos y pensamientos externos, lo que hace que la experiencia general sea mucho más agradable. Otras ventajas son las siguientes

- Disminuir el miedo y la ansiedad, haciendo más fácil permanecer en el momento y conectar con los espíritus. La mente subconsciente es la que hablará con los espíritus, por lo que no querrá que su mente consciente interfiera o piense demasiado. Usted quiere que su mente subconsciente sea lo más clara y centrada posible para que pueda superar sus temores iniciales de la comunicación con los espíritus y encontrar el nivel de comodidad que necesita para obtener respuestas de los que han fallecido.

- Despejar toda duda en su mente acerca de la comunicación con espíritus. Si tiene un pensamiento negativo sobre los espíritus y la comunicación espiritual de antemano, sentimientos de miedo, ansiedad y duda le afectarán. Estos pensamientos son demasiado fuertes para ser superados solo por su mente consciente. Así que tener esa mente subconsciente despejada antes de empezar hará las cosas mucho más fáciles para usted. Por eso debe entrar en trance.

Capítulo 5: Herramientas espirituales y cómo usarlas

Algunos practicantes creen que no debe usar herramientas para comunicarse con los espíritus, pero no es así. Si es principiante, encontrará las herramientas especialmente útiles para su práctica, ya que facilitarán mucho la apertura de una línea de comunicación con el mundo espiritual. Hay varias herramientas con las que puede trabajar. Eche un vistazo a cada una de ellas para encontrar la que mejor resuene con usted, y utilice sólo esa a menos que su intuición le diga que es hora de probar otra cosa. Éstas son algunas de las herramientas:

No sólo puede usar el péndulo para ayudarle a diagnosticar problemas energéticos y espirituales, sino que también puede usarlo para tomar decisiones y conectar con los espíritus
https://www.pexels.com/photo/close-up-shot-of-a-silver-round-pendant-7267149/

- El péndulo
- La ouija
- Papel y bolígrafo (para escritura canalizada o automática)
- Espejo (para adivinar)
- Un recipiente con agua (para adivinar)
- Velas y varitas de incienso (también para adivinar)

Independientemente de la herramienta con la que trabaje, asegúrese de limpiarla con agua salada o mancharla con salvia. También debe cargar las herramientas. Para ello, déjelas reposar a la luz del sol, bajo la luna llena, o simplemente coloque las manos sobre ellas y visualice o sienta cómo la buena energía fluye de sus manos a las herramientas. Ahora es el momento de ver cómo utilizar cada una de ellas.

Comunicación con el péndulo

El péndulo puede ser de cualquier material. Algunos son simplemente collares con un amuleto, cristales u objetos pesados que puede balancear. El objeto no debe ser ni demasiado pesado ni demasiado ligero. Preferiblemente, debe pesar media onza. Los mejores péndulos tienen un peso que se estrecha en punta y mide unos quince centímetros. Si no quiere comprar uno, puede fabricarlo usted mismo con cualquier cuerda improvisada y objetos como llaves. No sólo puede utilizar el péndulo para diagnosticar problemas energéticos y espirituales, sino también para tomar decisiones y conectar con los espíritus. Incluso puede usarlo para encontrar cosas que ha perdido. He aquí cómo utilizar un péndulo correctamente.

Averigüe su programación

En primer lugar, debe saber cómo oscila su péndulo cuando le dice sí, no o tal vez. Asegúrese de que no hay nadie cerca que pueda molestarle mientras lo averigua. Además, asegúrese de estar en el estado de ánimo adecuado (no alterado ni cansado), para no malinterpretar sus respuestas. Puesto que su intención es utilizar el péndulo para interactuar con el espíritu, es mejor que trate bien a su péndulo y maneje el proceso con reverencia.

Siéntese ante una mesa o un escritorio y apóyese en él con el codo para sostenerlo. El codo debe pertenecer a su mano dominante. Sujete el péndulo con esa mano entre el pulgar y el índice, y deje que se balancee solo. Luego puede pedirle al péndulo: «Muéstrame un sí», y esperar a ver en qué dirección oscila. Si no se mueve, no hay respuesta. Pase a la siguiente petición: «Muéstrame un no». Esto se debe a que algunos péndulos prefieren responder primero a una pregunta y no a la otra. El péndulo puede moverse hacia delante y hacia atrás, hacia la izquierda y hacia la derecha, en círculos grandes o pequeños. Anote sus respuestas a medida que vaya preguntando. Pídale también que le muestre «No lo sé» y «Tal vez». Si lo prefiere, puede dibujar un círculo en una hoja de papel, dividirlo en cuatro cuadrantes y rotular cada cuadrante con «Sí», «No», «Tal vez» y «No sé».

Cuando haya elaborado las instrucciones, haga algunas preguntas sencillas de las que ya sepa las respuestas a modo de calentamiento para asegurare de que todo funciona como debería.

Entre en estado de trance

Esto es para entrar en la vibración donde puede convocar la energía de los espíritus con los que quiere interactuar y mantener su mente enfocada en sus intenciones y preguntas.

Pregunte al espíritu si está presente

Su péndulo debería oscilar para saber. También puede usar su tabla de péndulo para averiguarlo dejando que el péndulo cuelgue sobre cada palabra. Donde empiece a moverse, ésa es su respuesta.

Pregúntale al espíritu lo que quiera saber

Obviamente, está limitado a preguntas de sí y no, a menos que quiera crear un gráfico de péndulo con cada letra del alfabeto (en cuyo caso, quizás un tablero de Ouija sería más apropiado).

Cuando haya terminado, de las gracias a los espíritus y cierre la sesión, después límpiese, a su péndulo y su espacio.

Comunicarse a través de la ouija

La ouija es una forma fácil de conectar con los espíritus. Muchos se ponen nerviosos con este tablero, ya que piensan que es un portal por el que pueden entrar fuerzas malévolas. Sin embargo, hay razones para tener cuidado con este tablero. Si nunca dejaría la puerta de su casa sin cerrar cada vez que sale, entonces debe tener cuidado de no terminar una sesión correctamente. Cuando quiera conectar con el mundo de los espíritus a través de la ouija (o de cualquier otra herramienta), tiene que saber exactamente con quién quiere comunicarse. Si no le gustaba una determinada persona cuando estaba viva, lo más probable es que no quiera saber nada de ella sólo porque haya fallecido. Así que, antes de nada, tenga claras sus intenciones. Puede comprar un tablero o hacerlo usted mismo.

Cómo hacer su tabla ouija

1. Tome un papel grande y escriba «Sí» arriba a la izquierda y «No» arriba a la derecha.
2. Debajo de las palabras «Sí» y «No», escriba cada letra del alfabeto en un ligero arco. Que el primer grupo de letras sea de la A a la M y el segundo grupo de la N a la Z.
3. En la parte inferior izquierda del papel, escriba «Hola», y en la parte inferior derecha, escriba «Adiós».
4. Dibuje un círculo encima de la palabra «Sí» y ponga guiones alrededor, así tendrá un sol con rayos.
5. Dibuje una luna creciente sobre la palabra «No» y dibuje rayos que emanen de ella.
6. Para la plancheta, trabaje con un vaso al revés.

Uso de la tabla ouija

Prepare el espacio: La habitación que utilice debe estar a oscuras. Usar la luz de las velas es una buena idea, ya que los espíritus se sienten atraídos por las llamas y la energía del fuego. Elimine todas las distracciones y guarde todos los teléfonos y otros dispositivos.

Ubique la tabla: Puede dejarla sobre sus rodillas.

Haga un calentamiento: Para calentar la tabla, muévala dibujando el símbolo del infinito o la figura del ocho.

Decida con quién quiere conectar y entre en estado de trance: Cuando decida con qué espíritu quiere contactar, utilice el método que más le convenga para entrar en estado de trance.

Pregúntele si está presente y, cuando se lo confirme, hágale sus preguntas: Cuando le haga preguntas, sea cortés con su invitado. Tenga en cuenta que puede deshacerse de él si es grosero con usted, se burla de usted o arruina la sesión de espiritismo que está celebrando.

Anote todos los mensajes que reciba: Con el tiempo, se dará cuenta de que usted puede rellenar los espacios en blanco porque está canalizando la información en tiempo real y mucho más rápido de lo que se mueve la tabla. Anote todo, porque sin duda será información útil. Tenga en cuenta que a veces los espíritus cometen errores ortográficos. No pasa nada.

Cuando haya terminado, agradezca el tiempo que le ha dedicado y déjelo seguir su camino: Puede agradecerle el tiempo y el esfuerzo que le ha llevado conectar con usted. Luego dígale que siga su camino y abandone su espacio.

Límpiese y limpie su espacio: Utilice cualquiera de los métodos mencionados anteriormente.

Consejos adicionales: No utilice la ouija si está sobreexcitado. Lo más probable es que si está muy excitado, quiera hacer demasiadas preguntas. En caso de que lo haga en grupo, el espíritu se puede confundir si todos hacen preguntas a la vez. Háganlo por turnos.

Otro consejo es que nunca haga preguntas para descubrir cosas que no debería, como cuándo o cómo morirá. La mayoría de los espíritus no le darán una respuesta seria. Tampoco pierda el tiempo haciendo preguntas cuya respuesta ya conoce. Y asegúrese de que el espíritu que le acompaña no intenta apoderarse de la sesión, porque lo ha convocado para obtener respuestas, no para que le dé un sermón.

El hecho de que algo llegue a través de la tabla no significa que sea cierto, por lo que debe consultar a su instinto y practicar el discernimiento para estar seguro. Tome solo lo que realmente le resuene del mensaje y olvide el resto. Hay ocasiones en las que la sesión de espiritismo no funciona. Y no pasa nada. Los espíritus son como los humanos, a veces no tienen ganas de charlar. No se lo tome como algo personal. Vuelva a intentarlo en otra ocasión.

La comunicación a través de la escritura automática

1. En primer lugar, sepa qué quiere obtener de esta interacción.
2. Despeje su mente y conéctese a tierra.
3. Tome una hoja de papel y un bolígrafo, o abra un nuevo documento en su ordenador.
4. Entre en estado de trance.
5. Diga «hola» al espíritu y, a continuación, hágale sus preguntas.
6. Deje que su mano escriba como quiera. No juzgue nada de lo que recibe.

7. Cuando haya terminado de preguntar, dé las gracias a los espíritus y pídales que se vayan.
8. Límpiese y limpie su espacio ritual.
9. Ahora, analice lo que ha escrito en el libro. Si cree que no es nada serio, no se preocupe. Con el tiempo, obtendrá información más clara y mejor utilizando este método. Solo asegúrese de practicar a menudo.

Es posible que algunos de los mensajes que le lleguen tengan sentido en cuanto a la estructura de las frases, pero que su significado no quede claro hasta pasado un tiempo, cuando suceda algo; entonces, puede que de repente sepa de qué se trataba. Después de la sesión, puede reflexionar sobre estos escritos automáticos, pero no se castigue si no entiende. Confíe en que todo se revelará.

Comunicación a través de la adivinación

La adivinación consiste en mirar un objeto reflectante para ver cosas en él. Puede ver imágenes, palabras, el pasado, el presente, el futuro y mucho más. La adivinación es un arte que se practica con diversos medios, como lagos, cuencos de agua, fuego, latón, cobre, humo, etc. Hoy en día, muchos adivinos utilizan espejos de adivinación, también conocidos como espejos negros. Si quiere hacer el suyo, puede conseguir los materiales que necesita en una tienda de variedades. La mayoría de los espejos son redondos, pero puede optar por algo cuadrado si quiere. Necesitará un marco y un trozo de cristal. El cristal le servirá de superficie reflectante.

1. Limpie el cristal con un limpiacristales, para que no tenga manchas.
2. Coloque el cristal sobre un periódico. Solo necesita una hoja.
3. Pinte el cristal de negro con pintura acrílica. Lo mejor es optar por una pintura que deje un acabado metálico o brillante, pero si solo tiene pintura mate, también sirve. Es posible que tenga que pasar varias capas finas, esperando a que se seque cada una antes de aplicar la siguiente. Asegúrese de que no quede ninguna mancha al descubierto y de no dejar rayas. Con cinco capas debería bastar para que no se vea a través de la pintura si sostiene el cristal a contraluz.
4. Vuelva a colocar el cristal en el marco con el lado pintado como reverso. El cristal transparente debe quedar hacia delante.

5. Limpie el cristal una vez más para eliminar todas las rayas y habrá terminado.

Puede comprarlo en línea si no quiere hacerlo.

Cómo adivinar con su espejo de adivinación

1. Limpie su espejo con el humo de un poco de salvia. Esto eliminará cualquier energía vieja, rancia y mala.
2. Bendiga su espejo y tómelo, dejando que sus manos se posen sobre él e imaginando que una bola de luz blanca se mueve desde sus manos hacia el espejo. Imagine que siente la energía positiva fluyendo desde sus manos hacia el espejo si no puede visualizarlo. También puede cargarlo a la luz del sol o bajo la luz de la luna llena.
3. Cuando esté listo para usar su espejo, asegúrese de que no haya mucha luz en la habitación. Puede bajar las persianas y encender velas a ambos lados del espejo. También puede atenuar las luces.
4. Coloque el espejo de forma que quede en un ángulo que le impida reflejarse en él.
5. Conéctese a tierra y tómese unos minutos para entrar en trance.
6. Cuando tenga la mente despejada y vacía, mírese en el espejo. Si tiene alguna pregunta que hacer, puede hacerla. Tenga en cuenta que quiere mirar a través del espejo o más allá de él, en lugar de directamente hacia él. Al principio, puede que no vea nada, pero con el tiempo notará colores. Puede que las imágenes que obtenga no sean claras al principio, pero con el tiempo y la práctica, verá que se vuelven más nítidas.
7. Al principio, practique entre diez y quince minutos cada día; después, puede intentarlo durante más tiempo. Tenga en cuenta que a veces puede no obtener ninguna imagen, pero recibirá un empujón intuitivo sobre lo que está buscando.
8. Mantenga un bolígrafo y un papel cerca del espejo para anotar las cosas importantes que vea en cuanto haya terminado la adivinación.

Capítulo 6: Trabajar con ancestros y seres queridos fallecidos

Ahora que conoce todo lo necesario sobre la comunicación con los espíritus, es el momento de aprender a contactar con determinados tipos de espíritus. En este capítulo, aprenderá a conectar con sus ancestros y sus seres queridos fallecidos.

Muchas personas se encuentran con espíritus de sus ancestros sin darse cuenta
https://www.pexels.com/photo/man-hands-people-woman-7189444/

¿Alguna vez ha sentido un escalofrío en el aire o ha percibido que alguien está detrás de usted? ¿Alguna vez ha mirado por encima del hombro pensando que había alguien y en realidad no había nadie? No está loco. Los espíritus de nuestros antepasados viven con nosotros.

Muchas personas se encuentran con espíritus ancestrales sin darse cuenta. Lo mejor es tener la mente abierta ante estos encuentros, porque pueden ser poderosos y positivos. Cuando se comunica con sus ancestros espirituales, siente como si estuvieran a su lado, pidiéndole que les permita ser una parte útil y positiva de su vida. Tenga la edad que tenga y crea o no en fuerzas sobrenaturales, es saludable relacionarse con los espíritus de los miembros de su familia que han dejado este mundo.

Los espíritus ancestrales son más que amigos imaginarios y guardianes. Son una parte viva de su historia, parte de su herencia. Según las tradiciones de los nativos americanos, son un puente entre los muertos y los vivos, y nos hablan para que compartamos nuestras historias con ellos.

Beneficios de conectar con los ancestros

Los espíritus ancestrales ayudan a curar heridas del pasado. Hablar con sus guías espirituales o espíritus ancestrales es una gran manera de sanar heridas del pasado. Estos espíritus son los guardianes de su linaje familiar, que se remonta al principio de su tribu. Hablar con ellos le permite conectar con todo lo que pasaron sus ancestros, lo mucho que sufrieron y lucharon por vivir en una época diferente. Los espíritus de sus ancestros están profundamente conectados con sus historias y quieren que hable de ellas para que pueda aprender de sus luchas y errores.

Los espíritus ancestrales liberan de pensamientos o emociones negativas como el miedo, la ira y otros sentimientos dolorosos. No es raro que las personas sientan emociones que no quieren o no necesitan. Un espíritu ancestral puede ayudarle a liberarse de pensamientos y sentimientos negativos que le frenan en otros objetivos de su vida.

Los espíritus ancestrales ayudan a alcanzar metas, ya sean profesionales, de crecimiento espiritual o cualquier otra cosa importante. Un espíritu ancestral puede ayudarle a hacer realidad sus sueños. Esto sucede cuando da voz a sus antepasados y permite que los espíritus le hablen directa y poderosamente de su vida, dándole la fuerza y la determinación interior que necesita para hacer realidad sus sueños.

Los espíritus ancestrales dicen exactamente lo que se necesita oír. Cuando permite a los espíritus de sus ancestros que hablen con usted, no le dicen tonterías ni «todo va a estar bien». Más bien, son brutalmente honestos y no se guardan ninguna verdad. A veces esto puede ser doloroso, pero a menudo las palabras que más necesita oír son las que más duelen.

Conectar con los ancestros

Antes de ponerse en contacto con sus ancestros, lo primero que debe plantearse es buscar en su árbol genealógico. Si esto no es posible para usted, no se preocupe. Es solo un paso opcional que puede ser útil para establecer una conexión con sus antepasados. Por ejemplo, saber quiénes son puede ayudarle a conocer sus cosas favoritas y determinar qué ofrendas hacerles. Aquí tiene algunos consejos para conocer sus raíces:

Organice lo que aprende

Las primeras semanas le darán mucha información, y necesita una forma de organizar lo que aprenda. Antes de empezar a investigar, debe utilizar una base de datos genealógica en línea como ayuda. Puede encontrar muchas gratuitas o pagas, incluida la popular Ancestry.com, una opción excelente porque tiene en su base de datos decenas de millones de árboles genealógicos. Las ramas pueden serle útiles mientras busca.

Busque pistas en su casa

Debe tener en cuenta todo lo que le rodea. Busque patrones y compruebe su historia familiar. Algunas pistas sobre quién es usted podrían estar ocultas a plena vista. Puede revisar el sótano, los cajones, el desván, los documentos personales, las cartas y cualquier otra cosa que esté guardada y que pueda serle útil. Fíjese en objetos y documentos fechados y revise álbumes familiares y recuerdos. Mire diarios, boletines de notas, etc. Involucre a sus familiares en el proceso y hágales saber su motivación.

Hable con los mayores

Los parientes de más edad tienen más información que usted. Cuanto más mayores, mejor, ya que servirán de enlace con generaciones anteriores que quizá no conozca. Incluso cuando tenga los datos de toda su familia, debe hacer preguntas a sus mayores y grabarlas, porque pueden darle detalles aún más importantes. Pídales ayuda para identificar caras y lugares en fotos antiguas, ya que esto podría conducirle a historias que le den aún más información con la que trabajar. Pregunte por sus abuelos, bisabuelos y otros parientes. Pregúnteles sus nombres completos, sus hermanos, dónde nacieron, cuándo nacieron, sus etnias y nacionalidades, a qué se dedicaban, dónde fueron enterrados, etcétera. Sea respetuoso al hacer estas preguntas. Si alguien se niega a responder a ciertas cosas, debe pasar a otro tema en lugar de insistir y ofenderle. Puede que encuentre las piezas que faltan investigando por su cuenta.

Utilice Internet

Una vez que tiene toda la información de las preguntas a sus parientes y de la investigación en casa, es hora de recurrir a Internet. Puede utilizar diferentes servicios, páginas y otros recursos que le ayudarán con su genealogía. FamilySearch es un buen recurso gratuito, dirigido por la iglesia mormona y sin ánimo de lucro. Llevan cien años recopilando registros por todo el mundo y actualizan sus registros en línea con decenas de millones de entradas cada semana. Consulte sus libros, publicaciones, catálogo de microfilmes, etc.

Hágase una prueba de ADN

National Geographic ofrece Geno 2.0, una herramienta que puede ayudarle a descubrir más sobre quién es sin necesidad de seguir un rastro físico. Sabrá cómo emigraron sus antepasados hace eones y dónde están realmente sus raíces. Tiene un servicio de pruebas de ADN con una impresionante base de datos de personas ya analizadas y la opción de almacenar sus muestras de ADN de forma gratuita por si quiere hacerse otra prueba más adelante. Debe tener cuidado con su decisión de hacerse la prueba, ya que puede conocer muchas cosas sobre sus familiares directos o sobre usted mismo para las que no está preparado.

Socialice

Las redes sociales vienen bien en esta tarea. Puede conectar con personas con los mismos apellidos que usted y buscar organizaciones locales, archivos y servicios genealógicos de la ciudad de origen de un antepasado. Le resultará muy útil hablar con desconocidos con los que comparta apellidos si ellos no han tenido que lidiar con demasiada gente que les haga esas mismas preguntas.

Controle sus expectativas

La mayoría de los programas de televisión tienden a ser sensacionalistas respecto del proceso de descubrir información genealógica. Como resultado, algunas personas piensan que descubrirán que están emparentadas con algún gran personaje del pasado. Lo más probable es que sus orígenes sean muy corrientes, y eso no tiene nada de malo. De cualquier manera, sus ancestros marcaron una diferencia en el mundo porque, al fin y al cabo, usted no estaría aquí sin ellos.

No renuncie

Descubrir sus raíces es muy gratificante. Si le dedica tiempo y trabajo y sigue adelante a pesar de los obstáculos, se alegrará de haberlo hecho. Esto se debe a que podrá establecer una conexión más rica con sus antepasados. Si se pregunta cuánto durará el proceso, recuerde que cuanto más investigue su pasado, más antepasados conocerá. En otras palabras, el proceso de descubrir su linaje nunca termina. Así que disfrútelo. Cuando empiece a conectar con sus espíritus ancestrales, podrá hacerles preguntas para las que no ha encontrado respuesta. Estarán encantados de rellenar los espacios en blanco, ya que se ha interesado mucho por ellos y por sus vidas.

Cómo conectar con los espíritus de sus ancestros

He aquí un ritual que puede utilizar para conectar con los espíritus de sus ancestros.

1. **Conéctese a tierra:** Debe tener la energía adecuada para realizar este ritual. Por lo tanto, es importante que se conecte a tierra. ¿Se siente cansado o no está del todo presente? Utilice el ritual de conexión a tierra del capítulo anterior para obtener energía que se alimente de la tierra. ¿Se siente demasiado excitado? ¿Tiene la sensación de haber captado la energía de otras personas a lo largo del día? Entonces deje que la tierra absorba su energía mientras se conecta con ella.

2. **Limpie el espacio en el que va a trabajar:** Queme salvia y ahúme la habitación, caminando de una esquina a otra. También puede rociar agua salada por el espacio o crear un círculo con sal en el suelo alrededor de la zona en la que va a trabajar. Esto sirve para alejar cualquier energía negativa o no deseada a su alrededor.

3. **Limpie las herramientas con las que va a trabajar:** Todo lo que tiene que hacer es usar salvia o agua salada. Asegúrese de tener su bolígrafo, papel y otras herramientas listas para tomar notas en cuanto termine de llamar a sus espíritus ancestrales o de conectar con ellos. Después de limpiar las herramientas, prepárelas para su uso.

4. **Límpiese:** Cuando haya limpiado el espacio, límpiese a usted mismo con salvia o agua salada. Si quiere, puede dibujar un símbolo protector en su frente con el dedo índice después de sumergirlo en agua salada o en las cenizas dejadas por la salvia

quemada.

5. **Entre en trance:** Empiece concentrándose en su respiración durante una meditación y luego siga las instrucciones previamente dadas en este libro. Mantenga su intención en el fondo de su mente mientras entra en trance.

6. **Sienta la energía de sus ancestros:** Una vez que esté en trance, busque a sus ancestros conectando con su energía. Sentándose en silencio, puede saber cuándo están cerca. Puede haber una carga en el aire, un cambio de presión, algún sonido u otras cosas.

7. **Ponga sus ofrendas delante de ellos:** Si sabe lo que les gusta, ofrézcaselo. Sabrá qué darles si hace bien la investigación sobre quiénes eran y cómo eran cuando estaban vivos. Las ofrendas ya deberían estar allí con usted, así que simplemente declare que les ha traído regalos para honrarles y darles las gracias por aparecer.

8. **Haga sus preguntas:** Cuando sienta que los ancestros están presentes, puede empezar a trabajar con ellos utilizando sus herramientas, ya sea la tabla ouija, su bolígrafo y papel (para escritura automática), su grabadora de sonidos (para canalizar), su espejo negro (para adivinar), etcétera. Hágales sus preguntas y espere a que le den respuestas. No presione ni sea impaciente. Se demorará el tiempo que les lleve a ellos.

9. **Exprese su gratitud y haga sus peticiones:** Agradezca las respuestas que le dan. Aproveche la oportunidad para pedir cualquier otra cosa que desee de ellos, ya sea salud, provisión, protección, guía, abundancia o cualquier otra cosa. Luego, agradezca una vez más por estar ahí para usted.

10. **Hágales saber que ha terminado:** Puesto que se trata de sus ancestros, no tiene por qué despedirlos. Sin embargo, si quiere, puede decirles que se vayan al final de la sesión. Respetarán sus límites y lo harán. Es el final de la sesión. Si no les pide que se vayan, no se sorprenda de los fenómenos que ocurren a su alrededor, ya que les encanta hacerle saber que están con usted.

Puede utilizar estos mismos pasos para conectar con otros seres queridos que haya conocido y hayan fallecido. Al principio, estas conversaciones con el espíritu pueden parecer unilaterales, pero debe seguir adelante. Continúe acercándose cada día y, con el tiempo, empezará a recibir información, haciendo que su esfuerzo merezca la pena.

Por qué es importante la gratitud

Probablemente no le importen mucho los amigos que solo aparecen cuando necesitan algo de usted y desaparecen una vez que lo han obtenido sin ni siquiera *darle las gracias*. Si tiene una autoestima sana, sabe que esos no son amigos, son sanguijuelas.

Por eso debe expresar gratitud a los espíritus que acuden en su ayuda. También por eso son tan importantes las ofrendas. Si no sabe lo que quieren los espíritus porque no ha obtenido esa información en su investigación, deje que su instinto le guíe sobre qué ofrecer. Puede ofrecer comida, bebida, agua, cigarrillos, dinero, fruta, flores o cualquier otra cosa que le indique su intuición. Si sus intenciones son puras y ha hecho una ofrenda, los espíritus verán su corazón y le apreciarán por intentarlo. Puede que incluso le ofrezcan información sobre una ofrenda adecuada para posteriores sesiones de canalización.

Consejos útiles para tener cerca a sus ancestros y seres queridos fallecidos

1. **Salúdelos** a primera hora de la mañana. Diga en voz alta: «Buenos días, ancestros. Gracias por mantenerme a salvo durante la noche». Hágales saber cómo le gustaría que le ayudaran a lo largo del día.

2. **Establezca un lugar especial en su casa** donde pueda ir a hablar con sus espíritus ancestrales. Puede ser una pequeña habitación, un rincón de la cocina o incluso una silla especial dedicada únicamente a estas conversaciones.

3. **Deje un asiento vacío en la mesa** para los seres queridos fallecidos. Puede tratarse de alguien que murió antes de que usted naciera o de un pariente fallecido recientemente. Use su imaginación para verle frente a usted en la mesa. Hable con él y haga que se sienta bienvenido.

4. **Ore**. Orar es una forma maravillosa de abrirse y hablar con los espíritus de sus ancestros. Cree un campo espiritual en el que puedan acercarse a usted y conectar aún más.

5. **Invóquelos en momentos de necesidad.** Invoque a los ancestros para que le guíen y aconsejen siempre que se sienta confundido o inseguro sobre qué decisiones tomar. Ellos le ayudarán a

encontrar las respuestas que necesita y le mostrarán el mejor camino para su viaje en la vida.

6. **Instale altares en su casa.** Los altares le ayudan a recordar su linaje familiar y a mostrar respeto por los ancestros fallecidos. Un altar ancestral puede ser tan sencillo o elaborado como desee. Es un lugar atractivo donde puede dejarles ofrendas y guardar fotos de quienes le han precedido en este mundo.

7. **Visite sus tumbas.** Asegúrese de llevarles flores y agua fresca siempre que haya un motivo para celebrar su recuerdo: un cumpleaños, un aniversario, una fiesta religiosa o el primer día de verano o invierno, por ejemplo. Ellos aprecian ese toque especial de reconocimiento por parte de sus descendientes tanto como lo hacían cuando estaban vivos en el plano terrestre.

8. **Haga una placa conmemorativa en casa.** Puede crear una placa que cuelgue en la pared o en la ventana principal de su casa para honrar a sus ancestros. Transmita pensamientos de gratitud y amor hacia ellos cada vez que la vea. Así, cada vez que alguien pase por su casa, la verá y pensará en la relación especial que existe entre usted y los espíritus de quienes ya han fallecido.

9. **Cree un espacio para ellos** en su casa en el que siempre estén expuestas sus pertenencias importantes, para que su espíritu nunca esté lejos de donde nacieron y vivieron. Coloque sus objetos personales en una estantería junto a una foto, cree pequeños altares o haga todo lo anterior. Les encantará ver este lugar cada vez que le visiten. Lleve flores frescas de su jardín y agua fresca siempre que pueda.

10. **Honre su memoria en Acción de gracias**, Navidad, los cumpleaños y otras fiestas. Estos son momentos en los que a muchos espíritus ancestrales les gusta volver a visitar a quienes quedan. Son buenos momentos para pedirles que den señales de que aún están cerca moviendo algo en su casa, haciendo susurrar a las hojas donde no hay árboles cerca o haciendo que animales se comporten de forma extraña cuando piensa en ellos.

Capítulo 7: Conecte con sus guías espirituales

¿Quiénes son los guías espirituales? Estos seres divinos se asignan a las personas o son elegidos para ayudarlas a crecer espiritualmente, mantenerlas a salvo y guiarlas a lo largo de su viaje. Algunos creen que los guías espirituales no son seres reales, sino más bien proyecciones psicológicas que representan partes del subconsciente humano y que ayudan a sentirse completo. Sin embargo, los guías espirituales son mucho más que eso. Son reales. Si quiere, puede pensar que son aspectos de su yo superior, que vienen a usted en diferentes momentos de su vida para ofrecerle amor, apoyo, perspicacia, protección y mucho más.

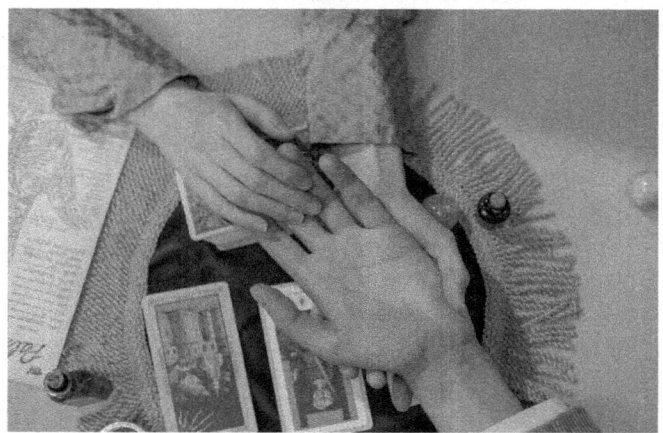

Puede pensar que los guías espirituales son aspectos de su yo superior
https://www.pexels.com/photo/person-holding-white-and-green-floral-textile-7182586/

Puede tener un solo guía o varios. Su guía puede ser alguien que vivió en la Tierra o que no lo hizo nunca. También puede tener guías espirituales animales. Independientemente de lo que piense del concepto de guías espirituales, todo el mundo necesita apoyo y dirección en la vida. Sería difícil encontrar un ser mejor para proporcionárselo que su guía espiritual. Su guía puede ofrecerle una ayuda que nadie más puede, por lo que conectar con él vale la pena. Los guías espirituales tienden a evidenciar su presencia cuando alguien está a punto de experimentar un cambio significativo en su vida o necesita ser rescatado rápidamente de algo. También los notará cuando esté experimentando un renacimiento y cosas nuevas a las que pueda temer.

Los guías espirituales forman parte de las fuerzas del universo destinadas a prestar su ayuda. Su guía puede ser una entidad de un mundo diferente, un dios o una diosa, una criatura mítica, un animal, un ángel, etc. Vivir sin ser consciente de su guía resulta vacío y hace que se pregunte por qué no lo buscó antes. Su guía espiritual le muestra lo que necesita saber sobre usted mismo, los demás y el mundo. Le consuela como nadie más puede hacerlo, le apoya en las buenas y en las malas, le aleja del peligro, le avisa cuando algo no va bien, le enseña cosas que necesita saber para progresar en la vida, etc.

¿Cuántos guías tiene?

Quizá se pregunte cuántos guías tiene. ¿Solo tiene uno? A menudo ocurre que se tiene más de un guía o, al menos, más de un aspecto de esa energía. Algunos de los guías que tiene le fueron asignados al nacer. Otros, en cambio, llegan a su vida más tarde. Depende de lo que esté viviendo y de la fase de su vida que esté afrontando. Puede pensar que sus guías se dividen en dos grupos:

1. Guías mayores.
2. Guías menores.

Los guías mayores que tiene le ayudan con el camino de la vida. Están ahí para ayudarle con las principales lecciones de la vida que debe aprender y el propósito final de su encarnación en la Tierra. Por otro lado, los guías menores se quedan brevemente para ayudarle con cuestiones fugaces y cotidianas que le ocasionan problemas.

El papel de los guías en su despertar espiritual

Sus guías espirituales desempeñan un papel fundamental para ayudarle a despertar a niveles cada vez más elevados de conciencia espiritual. Su guía espiritual está destinado a ayudarle en su evolución espiritual. Supongamos que uno de sus guías es el Bodhisattva de la compasión llamado Kuan Yin. Lo más probable es que se muestre más compasivo y misericordioso con los demás y con usted mismo. Si se siente atraído por la diosa nórdica Frejya, puede que ella le ayude a hacer las paces con su sexualidad y a aceptar los hechos de la vida y la muerte. Con Ganesha, la deidad india con cabeza de elefante, aprenderá a ser sabio, claro de pensamientos, generoso y prudente en la abundancia. Sus guías le ayudan a mejorar, especialmente en lo referente a las heridas emocionales, traumas y disonancias cognitivas que sufre en diferentes aspectos de la vida. Pueden ayudarle a eliminar bloqueos en su energía que le mantienen pequeño y le hacen sentir sin vida.

Cómo conectar con sus guías espirituales

Trabajo con los sueños

1. Lo primero que debe hacer con el trabajo onírico es ahondar en el recuerdo de sus sueños. Para ello, cada noche antes de irse a la cama, dígase que va a recordar todos sus sueños con detalle. Asegúrese de tener un diario de sueños, un bolígrafo al lado de su cama o una aplicación para llevar un diario de sueños en su teléfono.

2. Cuando se despierte de un sueño, no mueva ni un músculo. Siéntese y piense en la última cosa, escena o sensación que recuerde del sueño. Luego vaya hacia atrás hasta que lo recuerde todo. Es importante que no se mueva, porque si lo hace, arruinará el proceso de recordar sus sueños.

3. Inmediatamente después de terminar de recordar el sueño, debe escribirlo en su diario o grabarlo. Empiece escribiendo o diciendo algunas palabras clave que le recuerden cada aspecto de su sueño, para que no se le olvide mientras escribe. Cuando tenga todas las palabras clave, desarrolle los detalles de cada una.

4. Cuando el recuerdo de sus sueños mejore significativamente, debe pasar a una nueva forma. Dígase cada noche antes de acostarse que vas a conectar con sus guías espirituales. Puede que ocurra la

primera noche o varias después, pero en todo caso sucederá. Puede anotar las cosas que quiera preguntarles y escribir las respuestas en su diario cuando se despierte.
5. Anote sus firmas energéticas. De esta manera, puede buscarlos en su vida de vigilia sintiendo esa energía y reteniéndola.

Afirmaciones

Las afirmaciones son enunciados positivos que se repite a usted mismo con frecuencia. Repetirlas una y otra vez le ayuda a cambiar pensamientos que tiene sobre usted mismo, lo que a su vez le ayuda a cambiar sus comportamientos. Cuando se comunique con sus guías, afirme que es una experiencia positiva y buena. Utilice afirmaciones cuando se levante por la mañana o por la noche antes de irse a dormir. También puede escribirlas para leerlas cuando le resulte conveniente. Las afirmaciones ayudan a cambiar sus suposiciones subconscientes y le permiten alcanzar un estado de mayor autoestima, felicidad, salud y bienestar. Puede afirmar que siempre se conecta fácilmente con sus guías espirituales y recibe sus mensajes con claridad y frecuencia. Lo mejor es ponerse en un trance ligero antes de empezar.

Bibliomancia

La bibliomancia, o adivinación a través de los libros, existe desde la antigüedad. Podrá recibir orientación siempre que tenga a mano una selección de libros. Puede elegir un libro sobre las habilidades y conocimientos que desea adquirir. Es importante que lo tenga cerca en todo momento. La bibliomancia es una forma eficaz de comunicarse con sus guías de forma efectiva y segura. Consiste en pedir orientación a sus guías y obtener la respuesta a sus preguntas a través de las palabras del libro. Puede utilizarla especialmente si es nuevo en el trabajo con espíritus o tiene dificultades para reunir suficiente información sobre algo. Puede leer diferentes libros, pensar en preguntas específicas que tenga y hacerlas con fe en que las respuestas que lleguen le ayudarán de alguna manera. He aquí cómo utilizar este método:

1. Conéctese a tierra.
2. Límpiese, limpie su espacio y limpie su libro.
3. Siéntese y entre en estado de trance.
4. Concéntrese en su intención de conectar con sus guías espirituales.
5. Cuando sienta su presencia, traiga su pregunta a la mente y hágala.

6. Sostenga el libro frente a usted y siéntese con los ojos cerrados mientras continúa concentrado en la pregunta.
7. Cuando sienta que los espíritus están preparados, abra el libro en cualquier página. Lea lo primero que encuentren sus ojos, ya sea en la parte superior, inferior o central de la página.

Trabajo con velas

Las velas son poderosas. Implican el elemento fuego y puede utilizar su poder para conectarse con las energías sutiles de sus guías espirituales. He aquí una explicación detallada:

1. **Consiga velas:** Si no quiere hacer sus propias velas, puede encontrarlas fácilmente en su supermercado local o una tienda de artesanías. La mejor forma de obtener velas es comprar de varios colores, tamaños y formas. También puede optar por utilizar velas de té.
2. **Cree un espacio seguro:** También es crucial que mientras esté realizando el trabajo con las velas, cree un espacio seguro donde nadie le moleste. Debe apagar los teléfonos para que no perturben ni distraigan su hilo de pensamiento. También debe colocarse en un lugar cómodo donde no le distraigan o molesten fuerzas externas.
3. **Conéctese a tierra:** Conectarse a tierra antes de conectar con sus guías espirituales también es una buena idea. La conexión a tierra es una preparación para la comunicación con sus guías. Es una práctica milenaria destinada a asegurar que no será arrastrado al plano astral, dejándose arrastrar por energías que no deberían estar allí. La conexión a tierra le ayuda a prepararse para la conexión con sus guías espirituales y protegerse de cualquier entidad no deseada o maliciosa. La forma más sencilla de conectarse a tierra es respirando profundamente, visualizando una luz blanca que rodea su cuerpo y le envuelve.
4. **Encienda las velas:** Cuando haya creado un espacio seguro, debe encenderlas utilizando un mechero o cerillas. El número de velas que encienda debe basarse en su intuición. Coloque las velas alrededor de usted formando un círculo. Debe tratarlas con respeto, sobre todo porque tienen un significado simbólico y representan su conexión espiritual con ciertas fuerzas del universo.
5. **Pida que le guíen:** Pida a sus guías que se manifiesten ante usted pronunciando sus nombres lo más clara y distintamente posible.

Tome nota de cualquier sensación que sienta para discernir si se están comunicando con usted. Si ya se están comunicando con usted, preste mucha atención a sus mensajes y anótelos en su diario para no olvidar nada importante.

6. **Dé las gracias a sus guías:** Cuando haya terminado de conectar con ellos, agradézcales lo que han hecho y siguen haciendo por usted.
7. **Cierre la sesión:** Haga saber a sus guías que ha terminado por el momento y apague las llamas de la vela con un apagavelas o deje que se consuman por completo. Haga lo que haga, no apague la vela soplando.

Cómo mantener viva la conexión

1. **Muestre respeto:** Algunas personas tienen problemas con sus guías espirituales porque no les muestran suficiente respeto. Nunca debe pensar que puede hablar con ellos de la manera que quiera. Recuerde que todo el mundo tiene sus propios límites y fronteras, y esto incluye a sus guías.
2. **Pida ayuda:** Si quiere asegurarse de mantener a sus guías espirituales con usted, nunca debe ser demasiado tímido para pedir su ayuda o asistencia cuando lo necesite. También puede pedirles ayuda para mantener su amistad con ellos.
3. **Tómese tiempo para conectar con ellos:** Asegúrese de tomarse el tiempo para conectar con ellos tan a menudo como pueda, y también de mostrarles siempre respeto y cuidado.
4. **Lleva un diario espiritual:** También es una buena idea llevar un diario para registrar los mensajes de sus guías y cualquier otra cosa que surja en las sesiones.
5. **Practique la gratitud:** Practicar la gratitud es otra forma de asegurarse de mantener una buena conexión y seguir experimentando con sus guías. Otra cosa importante es que no debe sentirse avergonzado de expresar su gratitud, ya que sus guías también están agradecidos por el hecho de que se reúna con ellos.

Sus guías espirituales no son solo personajes que acuden en su ayuda cuando está en un estado de angustia. Le acompañan como aliados durante toda su vida y deben ser tratados con el máximo respeto. Puede hacerlo siguiendo algunos de los consejos enumerados anteriormente y así mantener viva su conexión con ellos.

Capítulo 8: Contactar a los ángeles

Existen muchos ángeles, demasiados para llevar la cuenta. El más conocido de todos ellos es el ángel de la guarda. Pero antes de hablar de él, debe aprender quiénes son los ángeles en general.

Hay muchos ángeles, demasiados para llevar la cuenta
https://www.pexels.com/photo/white-ceramic-figurine-of-angel-illustration-52718/

¿Quién es un ángel?

Los ángeles son seres con un poder extraordinario que están al servicio de la fuente creadora de todos los mundos. Ayudan a las personas de diferentes maneras. «Ángel» proviene de *angelos*, palabra griega que significa «mensajero». Actúan como mensajeros de lo divino, sanadores, protectores y mucho más. Cuando aparecen en la Tierra, adoptan forma humana o se muestran en toda su gloria. Esto implica que los ángeles pueden estar a su alrededor, disfrazados. Suelen tener un resplandor.

Según el islam, el cristianismo y el judaísmo, los ángeles tienen la particularidad de servir al Dios responsable de la creación. En el islam, se dice que los ángeles son fieles en su servicio, mientras que en el cristianismo hay registros de ángeles que optan por rebelarse contra Dios. En el budismo y el hinduismo, así como en algunas formas de espiritualidad de la nueva era, se dice que los ángeles han ascendido por el tótem de la espiritualidad, abriéndose camino hasta los reinos más elevados a través de la superación de pruebas. Siguen evolucionando, ganando fuerza y sabiduría incluso después de haber alcanzado su estatus de ángeles.

Los ángeles también transmiten mensajes del reino de los espíritus a los habitantes de la Tierra. Normalmente, sus mensajes son de consuelo y aliento. Otras veces, advierten a sus protegidos para que no se pongan en situaciones peligrosas. Estos seres divinos también ofrecen su protección, vigilando a quienes les corresponden para que no enfrenten peligros fatales o imposibles de sortear. Durante mucho tiempo, se han contado historias de personas rescatadas por ángeles. Por ejemplo, hay historias de personas que se alejan en una espiral de la escena de un accidente y son dejadas a poca distancia, a salvo de cualquier daño. Según el catolicismo y otras tradiciones religiosas similares, todo el mundo tiene un ángel de la guarda que le acompaña a lo largo de su vida.

Otra cosa fascinante que hacen los ángeles es llevar un registro de las acciones de cada persona. Según las creencias cristianas, judías y algunas de la nueva era, se dice que Metatrón es el arcángel responsable de esta tarea, en colaboración con los ángeles conocidos como poderes. En el islam, el Kiraman Katibin se encarga de esta tarea y se dice que todo el mundo tiene dos de ellos, uno para registrar lo bueno que se hace y otro para registrar lo malo. Según el sijismo, Gupta y Chitr se encargan de anotar todas las decisiones que toman las personas. Gupta anota las decisiones que solo Dios conoce, mientras que Chitr anota las acciones y decisiones que todos los demás pueden ver.

¿Quién es su ángel de la guarda?

Definitivamente tiene un ángel de la guarda, sea consciente de ello o no. No creer que existan no invalida su realidad. Quienes no creen en los ángeles de la guarda cada vez que se salvan de algo lo atribuyen a la suerte, pero lo más probable es que su ángel esté allí cuidando de ellos. Algunas personas creen que cada persona tiene un único ángel de la guarda que le ayuda durante toda su vida, mientras que otras creen que se recibe ayuda de varios ángeles de la guarda solo cuando la necesita, lo que significa que el ángel que asiste cada vez es el perfecto para esas necesidades específicas.

Su ángel de la guarda es el mejor ángel al que acudir si necesita algo, ya sea ayuda, consejo, compañía, protección o cualquier otra cosa. La razón es que está literalmente asignado para ayudarle, lo que significa que está energética y espiritualmente más cerca de usted que cualquier otro ángel. ¿Significa esto que no puede conectar con otros ángeles? Por supuesto que no. Si quiere llegar a otros, simplemente debe manifestar la intención. Sin embargo, incluso en ese escenario, su ángel de la guarda es el más indicado para ayudarle en ese sentido, porque sabe exactamente cómo conectarse con las otras entidades con las que desea entrar en comunión. Además, como ha estado con usted toda la vida, lo más probable es que pueda reconocerlo con facilidad cuando actúe en su nombre. Le será mucho más fácil detectar su presencia y, por tanto, escuchar sus mensajes.

Beneficios de conectar con su ángel de la guarda

1. **Llegar a él le permite actuar en su nombre:** Lo que pasa con los ángeles es que pueden estar presentes, pero a menudo no intervienen por usted porque nunca violan su libre albedrío. Cuando interfieren, suele ser porque su vida está en juego y tienen que hacer algo para salvarle de otra persona o de una situación desesperada en la que se encuentra. Cuando conecta con él, puede darles permiso para hacer por usted más de lo que ya hace y mejorar su vida.

2. **Establecer una conexión hace que sea más fácil para él darle mensajes que le ayuden en su situación:** Cuando se conecta con su ángel de la guarda, es como si abriera una pequeña ventana de comunicación entre los dos, lo que le permite comunicarse con usted de una manera mucho más directa y fácil de entender. Puede hacer notar su presencia sin rodeos. Así, usted nunca dudará sobre qué mensajes son solo pensamientos recurrentes o sueños y cuáles son de su ángel.

3. **Tener una línea directa de comunicación hace que su presencia sea mucho más fuerte:** Cuando se conecta con su ángel de la guarda, le está dando permiso para estar a su lado en todo momento, ayudándole y protegiéndole de cualquier daño. Esto fortalecerá su presencia divina. Se sentirá más seguro, más protegido y mucho más feliz sabiendo que es cuidado por alguien que le ama y se preocupa por usted profundamente. Al mismo tiempo, aumenta su conciencia de que un ángel siempre está velando por todos nosotros.

4. **Conocer a su ángel de la guarda le hace sentir menos solo en este mundo:** Cuando conoce a alguien que está a su lado y cuyo único propósito es ayudarle y protegerle, se siente mucho menos solo en el universo. Esto le proporciona una herramienta que le ayuda a superar cada día con facilidad y alegría. Incluso si hay momentos en que las cosas parecen difíciles y sombrías, el conocimiento de que hay un ángel de su lado, que le ama, se preocupa por usted profundamente y solo quiere lo mejor para su vida, refuerza su optimismo y hace que la más difícil de las situaciones parezca manejable.

5. **Conectar con su ángel de la guarda aumenta su poder personal:** Una mayor sensación de seguridad se produce con un mayor sentido de propósito. Cuando tiene un ángel de la guarda, tiene a alguien a quien recurrir que le ayuda a lograr todo lo que su alma desea. Puede guiarle y ayudarle en su camino. Y lo que es más importante, al ver las cosas desde esta perspectiva, es como si llevara la mitad de la carga por usted. Todo esto le facilita llevar a cabo el propósito de su vida. Quienes creen en los ángeles de la guarda creen que esto es exactamente para lo que están hechos. Hacen que nuestras vidas sean más fáciles y mejores, quitándonos algunas dificultades, mostrándonos que podemos manejar más de lo que pensamos por nosotros mismos y ayudándonos a superar nuestros problemas paso a paso. Saber que está conectado con su ángel de la guarda le hace sentir más seguro y confiado en usted mismo y en sus capacidades. Con esta guía, podrá tomar mejores decisiones, emprender acciones más eficaces y avanzar con mayor facilidad y determinación. También dejará de tener miedo, lo que le protegerá automáticamente de las energías negativas, facilitando aún más que su ángel aleje la mala suerte o la negatividad que pueda afectar a su vida.

Cómo contactar con su ángel de la guarda

1. **Tenga un momento de tranquilidad a solas y conéctese a tierra:** El primer paso es encontrar un lugar tranquilo donde pueda estar a solas con sus pensamientos. Puede ser en su habitación, donde puede acostarse, cerrar los ojos y respirar unos instantes. También puede ser al aire libre, en el bosque o junto al mar, escuchando los sonidos de la naturaleza. O puede estar sentado en el banco de un parque, en su auto, en el estacionamiento del trabajo o de la escuela. La cuestión es que necesita situarse en un entorno que le dé algo de tiempo y espacio para pensar sin distracciones corriendo por su mente y luego hacer el ejercicio de enraizamiento que aprendió en un capítulo anterior.

2. **Entre en estado de trance:** Puede hacerlo respirando y cantando el mantra Om o, si lo prefiere, puede simplemente sentarse en silencio y permitir que su mente consciente se disuelva en la nada mientras se concentra en su respiración. Mientras respira, mantenga firme y en el centro de su mente su intención de conectar con su ángel de la guarda.

3. **Sienta su energía:** Cuando esté en trance, podrá sentir la energía del ángel a su alrededor. Puede notar algo de estática en el aire, una sensación de presión, un extraño frío o calor, o incluso una ligera caricia en su piel. Hay otras señales de que su ángel está presente, las conocerá a continuación.

4. **Converse con él:** Puede decirle lo que quiera. Puede que no obtenga respuestas inmediatas o, si tiene talento psíquico, puede que su ángel le responda instantáneamente. De cualquier manera, si ha hecho notar su presencia significa que está escuchando todo lo que usted dice y que actuará en su nombre.

5. **Agradézcale que le haya escuchado y ayudado:** Cuando termine de conversar con su ángel de la guarda, debe agradecerle por escucharle y ayudarle. El lenguaje de la gratitud hará que tenga éxito en manifestar las cosas que quiere manifestar en su vida. Agradézcale su constante amor y apoyo. Si quiere, puede pedirle que siga mostrando su presencia en su vida.

Recuerde que habrá momentos en su vida en los que no tendrá tiempo para enraizarse o seguir este proceso al pie de la letra. Mientras tenga el hábito de conectar con su ángel, no tendrá que preocuparse por seguir cada paso. Puede simplemente pedirle que le ayude de inmediato y él se pondrá en marcha para arreglar las cosas.

Cómo conectar con otros ángeles

A veces, puede que desee conectarse con otros ángeles conocidos para que le ayuden con cosas específicas. Para hacerlo, debe trabajar con su ángel de la guarda y pedirle a él que se ponga en contacto con el ángel al que le gustaría llegar. Su ángel cumplirá su petición.

Señales angélicas

Las siguientes son señales de que su ángel le ha escuchado o está cerca de usted:

Se siente lleno de energía y feliz

Si su ángel de la guarda ha hecho notar su presencia y se está conectando con él, a menudo será consciente de su presencia sin necesidad de que le diga nada. Se sentirá elevado, inspirado y lleno de amor de adentro hacia afuera. Además de sentirse muy cariñoso con los demás, puede que se dé cuenta de que él le muestra constantemente su amor incondicional.

Ve auras

Muchas personas dicen ver auras angelicales a su alrededor, a menudo describiéndolas como luces multicolores o auras blancas más brillantes de lo normal. El color del ángel puede diferir del suyo, pero generalmente es brillante y radiante.

Siente una ráfaga de calor o frío

Su ángel también puede hacerle notar su presencia de otras maneras, como una extraña sensación de calor en la piel o una repentina oleada de energía fría por todo el cuerpo. Esta es la sensación de su energía pasando a través de usted.

Encuentra plumas a su alrededor

Las plumas a menudo son blancas o de un color similar al aura del ángel y son la forma que tiene de señalarle de que está cerca. Las plumas aparecen por una razón. Cada una es un mensaje de su ángel de la guarda.

Oye música

También puede encontrarse de repente escuchando música hermosa o cantando, lo cual puede ser su ángel comunicándose con usted de esta manera. Su voz sonará diferente a cualquier cosa que haya escuchado y puede que tenga grandes propiedades curativas a través de su frecuencia.

Huele un aroma extraño

Los olores más familiares en los ángeles suelen ser rosas, lavanda o vainilla, pero no hay ninguna regla al respecto y podría ser completamente diferente en su caso. El olor es irradiado por su ángel para ayudarle a reconocerlo y puede darle información sobre lo que está haciendo en ese momento.

Capítulo 9: Cómo llegar a los arcángeles

Cada religión tiene su propia angelología y clasificación de los ángeles. Los rangos superiores de ángeles tienen más autoridad y poder que los inferiores, y dependiendo de su rango tienen un aspecto diferente, con distinto número de caras y alas. Los siguientes son los rangos angélicos según la obra del pseudo-Dionisio *Areopagita en De Coelesti Hierarchia:*

Las diferentes religiones tienen su propia angelología, así como clasificaciones de los ángeles
https://www.pexels.com/photo/a-bird-flying-near-millennium-monument-under-blue-sky-13717918/

- Serafines.
- Querubines.
- Tronos.
- Dominios.
- Virtudes.
- Poderes.
- Principados.
- Arcángeles.
- Ángeles.

Según pseudo-Dionisio, los arcángeles tienen un rango superior al de los ángeles, pero según el paradigma de la conciencia popular los arcángeles son los de mayor rango. Aunque la palabra «arcángel» tiene fuertes vínculos con todas las religiones abrahámicas, en otras tradiciones y en el gnosticismo se pueden encontrar otros seres que se les parecen.

Los arcángeles Gabriel y Miguel son reconocidos en el islam, el judaísmo y la mayoría de las formas de cristianismo. Algunos protestantes creen que solo hay un arcángel, Miguel. Se menciona a Rafael en el Libro de Tobías, donde se le considera un ángel principal, opinión que también sostienen las iglesias ortodoxa oriental y católica. Miguel, Gabriel y Rafael son honrados por los católicos romanos con fiestas especiales. En el islam, los arcángeles son Azrael, Israfil, Mikael y Jibrael. En el Libro de Enoc y otras obras de literatura judía, se menciona a Metatrón, considerado por encima de todos los demás ángeles. Sin embargo, este ángel no es aceptado por todos.

En algunos aspectos de ciertas religiones, se encuentran siete arcángeles, pero sus nombres tienden a cambiar dependiendo de las fuentes. Los arcángeles que permanecen constantes son Miguel, Gabriel y Rafael. Los otros varían, aunque Uriel es reconocido más a menudo y se escribe sobre él en dos Esdras.

Los arcángeles en el zoroastrismo

Muchos antropólogos, teólogos y filósofos sostienen que el zoroastrismo es la tradición religiosa más antigua relacionada con la creencia en los ángeles. También conocido como *mazdaysna*, el zoroastrismo sostiene que hay siete santos inmortales (o inmortales generosos) llamados los *Amesha spenta*. Todas estas entidades tienen sus raíces en Ahura Mazda, que es el más poderoso de los seres divinos. Estos seres son similares a los arcángeles, con cuerpos inmortales que se mueven por el mundo físico. Ofrecen guía, protección e inspiración, tanto a los reinos espirituales como a los humanos. Son:

- Spenta mainyu o Spenamino, el espíritu generoso.
- Asha vahishta o Ardwahisht, la verdad suprema.
- Vohu mano o Vohuman, la mente justa.
- Khshathra vairya o Shahrewar, el dominio deseable.
- Spenta armaiti o Spandarmad, la devoción sagrada.
- Haurvatat o Hordad, la perfección o la salud.
- Ameretat o Amurdad, la inmortalidad.

Los arcángeles en el judaísmo

La Biblia hebrea se refiere a los arcángeles como los Elohim. En hebreo, la palabra para ángel es *malakh*, que significa «mensajero». Son los mensajeros de Dios destinados a realizar tareas específicas. No es común encontrar referencias a estos seres en la literatura judía, a menos que se trate de material posterior, como el Libro de Daniel. Se habla brevemente de ellos en las historias de Jacob, y se menciona que el propio Jacob tuvo que luchar con un ángel. También está la historia de Lot, a quien los ángeles le advirtieron que abandonara Sodoma y Gomorra. Ningún personaje bíblico se refirió a los ángeles por su nombre hasta Daniel. Por ello, se cree que los judíos solo se interesaron por los ángeles mientras estuvieron cautivos en Babilonia. El rabino Simeón ben Lakish de Tiberíades señala que los nombres específicos utilizados por los judíos para los ángeles fueron obtenidos de Babilonia.

Aunque no había referencias a los arcángeles en el canon bíblico hebreo, cuando el judaísmo rabínico sustituyó al judaísmo bíblico, hubo ciertos seres angélicos que ganaron prominencia y pronto tuvieron sus propias personalidades, así como funciones que debían desempeñar. Aunque estos arcángeles se consideran los más elevados de las huestes del cielo, no se desarrolló ningún sistema jerárquico. Según el misticismo cabalista y *merkavah*, Metatrón gobierna por encima de todos ellos. También llamado Mattatron, actúa como escriba. Se le menciona en el Talmud y se escribe generosamente sobre él en los escritos místicos de la *merkavah*. Miguel es visto como el abogado y defensor de Israel, mientras que Gabriel recibe varias menciones en el Libro de Daniel, el Talmud y, en particular, en los textos de la *merkavah*. He aquí los doce arcángeles según la Cábala, todos ellos relacionados con una *sefirá* específica:

1. Metatrón.
2. Raziel.
3. Cassiel.
4. Zadkiel.
5. Camael.
6. Miguel.
7. Uriel.
8. Haniel.
9. Raphel.
10. Jofiel.
11. Gabriel.
12. Sándalfón.

Según el Libro de Enoc, siete santos ángeles son los encargados de velar por todos, y son considerados arcángeles. Ellos son:

1. Miguel.
2. Rafael.
3. Gabriel.
4. Uriel.
5. Sariel.
6. Raguel.
7. Remiel.

Según el Apocalipsis de Moisés o La vida de Adán y Eva, los arcángeles son:

1. Miguel.
2. Gabriel.
3. Uriel.
4. Rafael.
5. Joel.

Los arcángeles en el cristianismo

El Nuevo Testamento de la Biblia tiene más de cien referencias a seres angélicos, pero solo se refiere a los arcángeles en particular dos veces: una en el Primer Libro de los Tesalonicenses, Capítulo 4, versículo 16; y otra en el Libro de Judas, Capítulo 1, versículo 9. En lo que respecta a la Iglesia Católica, son tres: Gabriel, Miguel y Rafael. Los Arcángeles Uriel y Jeremiel son mencionados en cuatro Esdras, pero no son considerados por la Iglesia Católica.

Arcángeles que puede invocar

Miguel - El defensor y protector de todos: Miguel es el más poderoso de los arcángeles y lucha constantemente contra la oscuridad y el mal para que el mundo tenga paz. Su nombre significa «el que es como Dios». A menudo lleva una balanza para medir el peso de las almas en la justicia divina o una espada envuelta en llamas azules. Su espada y su armadura representan la protección, la fuerza y el valor. Comanda la Legión de la Luz con su espada de zafiro en el brazo. Esa espada representa la sabiduría y el discernimiento, que puede desarrollar cuanto más ascienda en la escala espiritual. Su papel es luchar contra el mal, proteger a las almas de la oscuridad, ayudar a las personas cuando mueren y acompañar a las almas en su viaje después de la muerte. Cuando invoque a este arcángel, asegúrese de que no sea para algo que pueda solucionar fácilmente usted mismo. También debe asegurarse de que no está pidiendo hacer daño a nadie. Si está invocando a Miguel para otra persona, debe obtener primero el permiso de esta. Este es el arcángel que se debe invocar en asuntos de verdad, protección, fuerza y coraje.

Rafael - El sanador: Rafael significa «el que cura como Dios». Este es el santo patrón de los involucrados en el arte y la ciencia de curar a los enfermos y viajeros. Rafael es el responsable de curar las enfermedades de la mente, el cuerpo y el espíritu, y es un ser muy compasivo. No importa con qué enfermedad esté lidiando, acuda a él y le ayudará. Está destinado a guiar a los sanadores de la Tierra y a veces se le llama «la medicina de Dios». También ayuda a deshacerse de los demonios que han poseído u oprimido a la gente y protege a todos en cada viaje que realizan. Acuda a este ángel si quiere guía y curación o tener viajes seguros. Tenga en cuenta que le gusta más la risa y la ligereza de espíritu, por muy serias que parezcan las cosas. Sabrá que está con usted cuando se sienta más ligero. Lleva un bastón con un caduceo. A veces aparece como un viajero, un peregrino con un cuenco de bálsamo curativo y un bastón. Está conectado con el chakra del corazón, así que cuando aparece en visiones, debe esperar ver el verde esmeralda, que es el color de la salud y la naturaleza.

Gabriel - El mensajero: Gabriel se dedica a transmitir mensajes importantes a la gente, por lo que trabaja estrechamente con periodistas, profesores, escritores, padres, líderes y cualquiera que esté en posición de difundir información. Lleva una hermosa cabellera dorada y una túnica blanca, además de una trompeta de cobre pulido. Este ángel también es bueno para la creatividad, el cuidado de los niños, el parto y el embarazo. También ayuda en cuestiones de amor. El nombre de Gabriel significa «el poder de Dios». A veces también se representa como un arcángel masculino, sosteniendo un farol con una vela encendida en una mano y un espejo de jaspe verde en la otra para representar la sabiduría de Dios.

Uriel - La llama de Dios: Uriel es el arcángel que rige la sabiduría y el conocimiento. Según el Libro Secreto de Juan, es el encargado de los demonios que ayudaron a Yaldabaoth, el demiurgo, a crear a Adán, el primer humano. Normalmente, este arcángel se muestra en su forma de querubín, conocida como el ángel del arrepentimiento. Fue él quien vigiló las puertas egipcias durante la plaga final para que quienes tenían sangre de cordero untada en los postes no perdieran a sus primogénitos. Este arcángel suele aparecer con un rollo de papiro o un libro que representa la sabiduría y también es el patrón de las artes. A Uriel se le puede ver con una llama en la mano izquierda y una espada en la derecha. Su nombre significa «luz de Dios».

Sealtiel - El intercesor de Dios: También conocido como Selaphiel, el nombre de este ángel significa «intercesor de Dios». Es conocido por desempeñar el papel de intercesor. Por ejemplo, según el Conflicto de Adán y Eva, un texto apócrifo del cristianismo, este ángel fue enviado junto con Suriyel para salvar a Adán y Eva de las mentiras de la serpiente. También es el que lleva las oraciones de todos al ser supremo para que las responda. Según las creencias cristianas ortodoxas orientales, este arcángel mantiene a salvo a los niños, supervisa los exorcismos, supervisa la música celestial, ayuda a superar las adicciones y a interpretar sus sueños. Si tiene problemas, se siente frío e impasible, no puede prestar atención o se distrae constantemente, es a él a quien debe acudir. A menudo se le ve con la cara y los ojos vueltos hacia el suelo, llevándose ambas manos al pecho mientras reza.

Jegudiel - El glorificador de Dios: A Jegudiel se le puede ver con un látigo de tres cuerdas en la mano izquierda y una corona de oro en la derecha. Su nombre significa «glorificador de Dios». También se le llama Yadiel, Jadiel o Jehudiel. A veces sostiene una corona y un látigo para representar la recompensa que recibe de la Divinidad si es justo y el castigo que se recibe si no lo es. Es el patrón de los trabajadores, y la corona representa los frutos del trabajo, especialmente en términos espirituales. Es el que defiende y aconseja a quienes trabajan en una posición en la que tienen que glorificar a Dios, y también es quien lleva el amor misericordioso de la fuente de toda vida.

Barachiel - El bendito de Dios: Este arcángel lleva una rosa blanca, que sostiene contra su pecho. En otras ocasiones, aparece con pétalos de rosa blanca por todo su manto, representando las bendiciones de la Divinidad lloviendo sobre todos. También puede aparecer con un bastón o una cesta de pan, que representa la bendición de los niños. El Tercer Libro de Enoc lo llama uno de los príncipes angélicos, y la Almadía de Salomón lo llama uno de los ángeles principales. Barachiel está a cargo de todos los ángeles guardianes, y se dice que todos deben rezarle para obtener todas las cosas buenas que desean de su ángel guardián. Es el patrón de la vida matrimonial y familiar y se cree que cuida de los hijos de la Divinidad.

Jerahmeel - La exaltación de Dios: Este arcángel es responsable de inspirar a la gente a profundizar en sus prácticas espirituales y conectar con la fuente de toda vida. Es el responsable de hacerle pensar en qué puede hacer para acercarse a su origen divino. Su nombre significa «la misericordia de Dios». También se le llama Remiel o Eremiel, entre otros. Cuida de quienes han fallecido mientras recorren su camino en el más allá. Jerahmeel también es responsable de las visiones de la Divinidad y se le llama el arcángel de la esperanza.

Cómo Invocar Arcángeles

Pida a su ángel de la guarda que se los traiga: Puede invocar a cualquier arcángel que desee pidiéndole ayuda a su ángel guardián. Invocar a los arcángeles es útil si quiere mejorar algún aspecto de su vida, ya sea sus relaciones, su salud física, su salud mental, su camino espiritual, etcétera.

Diga una oración sencilla y sincera: Puede orar para solicitar su presencia y ayuda en su vida. En el pasado, muchos han invocado a los arcángeles mediante oraciones sencillas pronunciadas con sinceridad. Solo asegúrese de que sus intenciones son puras y haga todo lo posible para pedirles que vengan para algo importante, no para cosas triviales que puede resolver por su cuenta.

Utilice sus sigilos: Otra forma de convocar a los arcángeles es trabajar con sus sigilos. Puede entrar en estado de trance y mirar fijamente las imágenes mientras está en estado meditativo, conectando con su energía y llamando su atención. Los sigilos son símbolos mágicos que ayudan a conectar con la energía de una entidad o espíritu concreto. Puede encontrar sigilos de muchos arcángeles en Internet de forma gratuita. Simplemente imprímalos o dibújelos en un trozo de papel que pueda mirar. Aquí tiene un ritual de sigilos angélicos que puede probar:

1. Dibuje el sigilo en un papel para conectar más fácilmente con el arcángel.
2. Coloque el papel en su altar o en una superficie plana.
3. Ponga tres velas blancas alrededor del sigilo y apague las luces. Las velas deben ser la única fuente de luz en la habitación.
4. Siéntese en la mesa o frente al altar y deje que su mirada caiga ligeramente sobre el sigilo.
5. Respire profunda y tranquilamente. Observe la energía de la habitación para percibir cualquier cambio. Observe también su energía personal.
6. En algún momento, el sigilo podría volverse tridimensional y parecer que se levanta del papel. Si esto ocurre, haga todo lo posible por mantener la calma y no alterarse, siga mirando el sigilo.
7. Si lo desea, puede visualizar el sigilo en lugar de dibujarlo. Mantenga la imagen en su mente el mayor tiempo posible y medite sobre ella. Véala cada vez más brillante, dominando la oscuridad detrás de sus párpados.
8. Cuando sienta el cambio de energía, significa que el arcángel está presente. Ya puede hacer sus peticiones.
9. Agradézcale después de pedirle lo que desee, y permita que su atención regrese lentamente a la habitación en la que se encuentra.

Utilice su nombre como mantra: Puede invocar al arcángel que desee cantando su nombre mientras medita. Necesitará entre diez y quince minutos. Repita el nombre del arcángel en voz alta o mentalmente. Cantar en voz alta es bueno porque los nombres tienen frecuencias vibratorias que afectan el estado mental y espiritual de buena manera.

Capítulo 10: Métodos de limpieza y defensa

Saber cómo defenderse espiritualmente es muy importante, especialmente si tiene el hábito de interactuar con el reino espiritual. Este capítulo final habla de todo lo que necesita saber para limpiar su cuerpo y su hogar, protegerse y eliminar cualquier presencia o entidad no deseada de su espacio. Antes de todo eso, hay un enemigo del que debe cuidarse y que podría ponerle en grave peligro si se rinde ante él.

Saber cómo defenderse espiritualmente es muy importante, especialmente si tiene el hábito de interactuar con el reino de los espíritus
https://www.pexels.com/photo/a-bundle-of-sage-smoking-7947722/

Cuidado con el miedo

El miedo es una *energía de baja vibración* muy atractiva para las entidades negativas. Si entra en el trabajo espiritual con miedo en su corazón, será un foco de atracción para las entidades que quieren causarle problemas o hacerle travesuras. De hecho, llamarlas *travesuras* es tomárselas a la ligera, porque estos espíritus son conocidos por hacer la vida insoportable para aquellos a los que se aferran. Cuando no les tiene miedo, no tiene ningún atractivo para ellos, así que no tienen motivos para quedarse cerca de usted.

He aquí otras formas en que el miedo puede arruinar su trabajo espiritual:

1. Cuando teme algo nuevo o diferente, su curiosidad natural sobre el tema desaparece. El miedo le absorbe y le hace sentir que no hay nada por lo que sentir curiosidad.
2. Cuando tiene miedo, a veces deja de confiar en sus instintos. Haga lo que haga, si no confía en usted mismo, es fácil que cometa errores o dude de sus acciones.
3. A veces, cuando tiene miedo, pierde la concentración en lo que está haciendo y deja que sus pensamientos se escapen. Escenarios aterradores comienzan a reproducirse en su cabeza, poniéndole nervioso o distrayéndole de su tarea.
4. El miedo hace que le resulte difícil oír a su ángel de la guarda u otros espíritus cuando quieren advertirle sobre algo o consolarle. Esto significa que puede encontrarse en situaciones que podría evitar si mantiene la calma.

¿Qué hace para manejar el miedo que siente al hacer algo nuevo? ¿Cómo maneja sus nervios cuando se adentra en un territorio espiritual desconocido? Seguro que tendrá algunos pensamientos temerosos, pero debe condicionar su mente para que se haga preguntas sobre los fenómenos que ve. En otras palabras, sienta curiosidad. Es difícil tener curiosidad y miedo al mismo tiempo. Piense en cómo puede sentirse más a gusto comunicándose con los espíritus, qué puede hacer para profundizar en su relación con ellos, cómo puede sentirse más seguro para no sentir miedo, etcétera. Considerar estas cosas y trabajar activamente en ellas contribuye en gran medida a mitigar sus miedos y preocupaciones.

Por qué es importante la limpieza espiritual

La limpieza espiritual no puede pasarse por alto por muchas razones. Por un lado, purifica de cualquier energía negativa o viciada. Incluso en su hogar, a veces la energía negativa puede intensificarse, o la energía puede estancarse por falta de movimiento, luz o aire. Estas energías estancadas y tristes pueden causar mucho daño en la vida. Puede notar que atrae a la gente equivocada. Puede que de repente se encuentre luchando con facturas, enfermedades y otros fenómenos que no son normales para usted. Puede encontrarse lidiando con noches llenas de pesadillas, mensajes poco claros de sus guías, mensajes de espíritus equivocados, falta de claridad mental, falta de paz y mucho más. Además de deshacerse de estas energías, la limpieza espiritual es buena para mantener su aura pura y limpia, haciéndola poco atractiva para los espíritus dañinos. Ciertas deidades y otros espíritus son exigentes sobre cómo mantiene su espacio y su cuerpo.

Cómo limpiar el cuerpo

Hay muchas formas de limpiar su cuerpo. Ya sabe cómo usar agua salada, un huevo, salvia o una vela verde para limpiarse. Sin embargo, es útil tener otros métodos a mano, para que no sienta que no puede limpiarse porque no tiene las herramientas necesarias. Recuerde que puede limpiarse trabajando con los cuatro elementos clásicos (tierra, aire, agua y fuego) en cualquier momento. Repasemos las distintas opciones que tiene:

Rituales de limpieza con humo: ¿Sabía que la salvia no es lo único que puede quemar para limpiarse? Puede usar el humo de cualquier madera o hierba además de la salvia para purificar su energía. Por ejemplo, puede quemar palo santo, tabaco de conejo, rosa, hierba dulce, lavanda, romero, cedro, enebro, etcétera. Es una buena idea consultar con su intuición para ver qué es lo que más le conviene. De lo contrario, puede elegir lo que tenga a mano. La idea es que el humo toque todas las partes de su cuerpo, eliminando todas las energías negativas que haya en usted.

Baños de limpieza espiritual: No necesita usar sal cuando hace un baño de limpieza espiritual. Puede usar otras cosas como té, hierbas, cristales, flores, etc. Algunas otras cosas que puede probar para sus baños son:

- Cargue el agua de su baño con cristales. El cuarzo transparente es una buena opción. No tiene que poner el cristal en el agua del

baño. Simplemente déjelo reposar junto a la bañera y establezca claramente en su mente la intención de cargar el agua con energía limpiadora a través del cristal para que se lleve todo lo que no le pertenece.
- Puede cargar el agua del baño con su imaginación. Meta las manos en el agua y cierre los ojos. En su mente, no vea el agua más que como pura luz blanca. Sienta la energía de esta agua. Note que su poder purificador se hace cada vez más fuerte a medida que mueve los brazos en el agua. Dé las gracias al agua por limpiar su cuerpo, mente y espíritu, y luego báñese con ella.
- Añada menta al agua. La menta no solo refresca, también limpia energéticamente. Añadir hojas de menta o té al agua del baño es una buena forma de amplificar el poder limpiador del baño. Se sentirá renovado cuando lo haya hecho.

Rituales de limpieza con fuego: A algunas personas les gusta trabajar con fuego para limpiarse. En algunas tradiciones las personas saltan sobre el fuego para limpiarse antes de hacer un trabajo espiritual. Por favor, tenga cuidado y no pruebe este método, porque probablemente se hará daño o se prenderá fuego. En lugar de este extremo, puede coger una vela apagada y hacerla rodar sobre su cuerpo. Empiece por la parte superior de la cabeza y vaya bajando hasta los pies. Imagine que la vela absorbe su energía negativa. Luego encienda la vela para expulsar la energía negativa para siempre.

Rituales de limpieza con cristales: Puede utilizar varitas de cristal de cuarzo cristal o selenita para limpiarse. Tiene que agitar la varita alrededor de su cuerpo y dejar que recoja toda la energía no deseada que se le ha pegado. Cuando haya terminado, saque el cristal y entiérrelo en la arena durante la noche, use salvia o alguna otra hierba para ahumarlo y cárguelo a la luz del sol o de la luna antes del siguiente uso. También puede mantener limpio su espacio colocando cristales de turmalina negra en cada habitación.

Rituales de limpieza con té: Puede beber ciertos tés para limpiarse. Además, el té también le limpiará por dentro. Pruebe tomar kombucha, té detox, etc.

Rituales de limpieza energética: Para esta forma de ritual, necesita estar familiarizado con trabajos energéticos como el reiki. Utilice las palmas de las manos para escanear su cuerpo en busca de cualquier parte que se sienta energéticamente bloqueada. Fíjese en cualquier energía estancada o mala. Imagine que la energía fluye desde las palmas de las manos hacia esos lugares. Visualice la energía como una luz blanca en el ojo de su mente. Si no puede imaginar cómo se ve, simplemente sienta un calor intenso que sale de sus palmas y le limpia de la mugre energética.

Limpie su espacio sagrado

No basta con limpiarse cuando se va a comunicar con espíritus. También tiene que pensar en el espacio en el que hablará con ellos. Su espacio sagrado es importante y no puede permitirse que acumule malas energías o vibraciones. Así como su aura puede recoger suciedad energética, lo mismo puede ocurrir con su casa. Cada persona que pisa su casa deja algo de su energía. Si ve algo como un documental de crímenes reales o una película de terror, esto afecta a la energía de su casa y la hace más atractiva para energías y entidades oscuras. Si se siente triste, deprimido o enfadado, esa energía perdura hasta que se deshaga de ella. Incluso una conversación telefónica con alguien puede añadir energía a su espacio. La energía de la persona con la que habla puede permanecer. Si ha estado leyendo hasta ahora, debería resultarle obvio que tiene que hacer algo para mantener su espacio espiritual y energéticamente limpio. No puede dar por sentado que está limpio y seguir haciendo su trabajo espiritual, porque eso es buscarse problemas.

Antes de hacer cualquier trabajo espiritual en su casa u otro espacio sagrado, límpielo. Debería hacer limpiezas regularmente, cada dos semanas o cada mes. De esta manera, puede mantener su espacio a salvo de malos espíritus, vibraciones, enfermedades, conflictos y otras cosas desagradables.

Limpie su casa con la purificación: Puede ahumar con cualquier hierba limpiadora que desee. No se pase el humo solo a usted mismo. Hágalo también en su casa. Debe trabajar desde arriba hacia abajo y de atrás hacia delante. Lo primero que tiene que hacer es abrir todas las puertas y ventanas. Esto no solo deja entrar más luz y aire (ambos elementos con una vibración limpiadora), sino que también facilita la salida de las entidades negativas. Echar humo con las puertas y ventanas cerradas no le servirá de nada.

Otra cosa que debe tener en cuenta cuando ahúme es que tiene que ocuparse de todos los rincones. Piense en esos cajones y armarios que casi nunca abre. Ábralos y écheles humo también. Piense en el rincón detrás de esa puerta, donde nunca va nadie. Revise debajo de las camas, los estantes y armarios superiores, etc. Debe asegurarse de que la energía negativa no tiene donde ir y quedarse o esconderse en su casa.

Limpieza del hogar mediante aspersión: Para utilizar este método de limpieza, necesita ruda o romero. Solo necesita una ramita. Sumerja la hierba en agua bendita o agua salada y luego rocíe las gotas por toda su casa mientras declara: «Destierro todas las energías negativas de este espacio. Váyanse ahora y permanezcan fuera».

Limpieza con lavado y barrido de suelo: Los lavados de suelo están pensados para limpiar el suelo de las energías negativas que retiene. Infunda el agua con la que limpia con hierbas que purifiquen su espacio, o espolvoree las hierbas en el suelo y luego use una escoba o una aspiradora para limpiarlo. Hay muchas recetas diferentes para hacer lavados de suelos, pero en su mayor parte, todas tienen alrededor de tres ingredientes mezclados al agua. Algunas recetas requieren agua bendita o agua espiritual, mientras que otras necesitan agua florida. Sin embargo, puede trabajar simplemente con agua de lluvia, agua del océano o de un lago, si le resulta más fácil de conseguir. Haga lo que haga, no use agua del grifo.

Para preparar su lavado de suelos, debe poner el agua que vaya a utilizar en una olla (preferiblemente que no sea de metal), añadir las hierbas que prefiera y dejar que hiervan a fuego lento durante diez minutos. A continuación, retírela del fuego y deje que se enfríe antes de pasarla a un recipiente. Si quiere añadir aceites esenciales a la mezcla, no dude en hacerlo. Solo asegúrese de ponerlos primero en el recipiente de almacenamiento. No los eche en el agua hirviendo. Deje reposar la mezcla durante siete días a la luz del sol antes de utilizarla.

Antes de utilizar su mezcla, limpie el suelo como lo haría habitualmente. A continuación, puede utilizar la mezcla, empezando por la parte trasera de la casa o habitación y terminando en la puerta principal. Si hay otras plantas, trabaje de arriba abajo. Preste atención a las puertas de la casa y frótelas bien. Puede espolvorear un poco de sal en las entradas principales para alejar las malas energías. El limpiador de suelos no debe restregarse cuando termine de aplicarlo. Es más bien un enjuague para la limpieza habitual del suelo. Así que deje que el líquido se seque por sí solo, lo que activará su poder. Si lo desea, puede añadir un poco del líquido a sus líquidos de limpieza habituales, lo que significa que siempre estará limpiando espiritualmente su hogar.

¿Qué ocurre si tiene alfombras de pared a pared? Puede aplicar el detergente para suelos rociando la alfombra o añadir un poco del detergente a la escoba y utilizarla para limpiar la alfombra. También puede limpiarla con su líquido, incluido el detergente para suelos. Los siguientes son los ingredientes que puede añadir a su detergente:

- Hojas de laurel - para la curación, purificación y protección.
- Albahaca - para la prosperidad.
- Lavanda - para la tranquilidad y la paz.
- Cedro - para la protección y la curación.
- Agujas de pino - para la protección.
- Romero - para exorcismos, curación y protección.
- Clavo - para eliminar la energía infeliz, para la protección.
- Enebro - para la curación y la protección.

Estos son algunos de los aceites esenciales que puede añadir a su lavado de suelos:

- Pino - para la prosperidad, la purificación, la protección y la curación.
- Sangre de dragón - para exorcismos, protección y purificación.
- Pachulí - para la prosperidad.
- Alcanfor - para la purificación.
- Eucalipto - para la curación.
- Canela - para la prosperidad.
- Limonaria - para la purificación.
- Abedul - para la curación.

Ritual de limpieza de la luz: Por alguna razón, a algunas personas les gusta sentarse en la oscuridad, incluso en un día soleado. Si es su caso, tiene que aprender a amar la luz y empezar a abrir las ventanas para que entre. Lo que ocurre con la luz del sol es que su capacidad de limpieza es extremadamente poderosa. Es tan poderosa que ahuyenta a los espíritus negativos. Así que procure tener una casa iluminada y llena de luz natural. Empiece a abrir las persianas y no tendrá que preocuparse de que la energía negativa se acumule en su espacio.

Limpieza con escoba: Puede utilizar una escoba especial (llamada *besom*) para barrer la mala energía de su espacio. También hay formas más pequeñas de esta escoba que puede utilizar para barrer su aura personal desde la parte superior de la cabeza hasta los pies.

Ritual de limpieza con campanas: ¿Sabía que el sonido es una forma excelente de limpiar su espacio y a usted mismo? Así es. Puede utilizar ciertos sonidos de alta vibración para enviar a los espíritus negativos fuera de su casa. Puede tocar o trabajar con estos sonidos usando cánticos, palmas, cuencos tibetanos, gongs, campanas y música antigua (piense en música celta, budista y nativa americana, cantos gregorianos, etc.). Estas cosas mantienen su espacio limpio y libre de invitados espirituales no deseados.

Difusión de aceites esenciales: Puede difundir aceites esenciales como romero, lavanda, limonaria, etc. El olor es otra gran manera de mantener su casa limpia y segura para el trabajo espiritual.

Cree sus propios rituales de limpieza

Puede probar todos los rituales mencionados para averiguar qué resuena más con usted. Por ejemplo, puede que prefiera un baño de limpieza espiritual con base de hierbas y luego limpiar su espacio personal con un barrido y un sahumerio. Es importante que averigüe qué funciona mejor para usted, de modo que cuando realice un trabajo espiritual intenso, sepa que lo esencial está cubierto y no tenga que perder tiempo o energía temiendo que el método de limpieza que ha elegido no sea adecuado o suficiente.

Cuando limpiar

Ya sabe por qué es importante la limpieza. Lo que quizá no sepa es cuándo es el momento adecuado para purificarse. Utilice lo siguiente como una especie de guía:

- Límpiese y limpie su espacio una vez al mes. Hágalo preferiblemente durante la luna nueva o la luna menguante. Puede utilizar una aplicación para saber en qué fase se encuentra la luna antes de hacerlo.
- Cuando acabe de recuperarse de una enfermedad o lesión o haya tenido que enfrentarse a una desgracia o a la muerte, debe limpiarse. Limpie también su casa.
- Cuando esté a punto de comenzar una nueva estación, haga un ritual de limpieza. Esto fomentará que fluya hacia usted una energía nueva, vibrante y llena de bendiciones.

- Antes de realizar cualquier trabajo espiritual importante, debe limpiarse y limpiar su hogar.
- Límpiese después de terminar con el trabajo espiritual. Lo mismo se aplica a su hogar.
- Limpie su casa cuando los visitantes la abandonen. Aunque sean bebés, limpie su espacio.
- Límpiese al menos una vez a la semana como forma de mantenimiento espiritual.
- Debería hacer una limpieza siempre que tenga la sensación de que está pesado o de que su espacio lo está.
- Si está lidiando con muchas emociones, límpiese y limpie su casa.
- Siempre que se produzca una discusión importante, una pelea o un malentendido, es importante hacer una limpieza inmediatamente.

Rituales de protección

Los rituales de protección son vitales para mantenerse a salvo de cualquier energía negativa a la que pueda enfrentarse. Aquí hay algunos rituales simples y poderosos que puede hacer para mantener su energía y espacio protegidos.

Use cristales: Los mejores cristales para este trabajo son la turmalina y la obsidiana, ya que son excelentes para absorber la energía negativa del entorno. Puede crear una rejilla de protección con obsidiana o turmalina negra. Este es el proceso

1. Primero conéctese a tierra.
2. Tome cuatro cristales con ambas manos y llévelos a su *ajna* o chakra del tercer ojo, que está encima de los ojos, en medio de las dos cejas en su frente. En su mente, aclare la intención del ritual que va a hacer. Luego diga: «Ahora programo esta rejilla de cristal para que me mantenga a salvo».
3. Después, coloque los cristales en las cuatro esquinas o puntos cardinales de su casa. Debe tener uno en la puerta principal para que las malas energías no puedan entrar.

Utilice hierbas y sal: La mejor sal para esto es la sal rosa del Himalaya. Puede llevar un cuenco con ella por su casa y espolvorearla por todas

partes. También puede probar lo siguiente para incorporar hierbas:
1. Coja un trozo de papel y escriba «Protección» en él.
2. Ponga ese papel en un cuenco ignífugo.
3. Ponga una pizca de sal en el papel y, a continuación, eche eneldo, romero y laurel en el cuenco. Las hierbas deben estar secas.
4. Deje que sus manos se ciernan sobre el cuenco y piense en su intención de permanecer protegido.
5. Cuando esté listo, prenda fuego al contenido del cuenco. No lo pierda de vista mientras arde.
6. Muela los restos que queden en el cuenco con un mortero cuando todo esté totalmente quemado. A continuación, ponga la mezcla en su casa. Este potente ritual mantendrá su casa segura durante todo un año.

Ritual de protección de luna llena: Va a aprovechar el poder de la luna llena para mantener alejadas a todas las entidades y energías negativas. Así es como funciona:
1. Busque un lugar donde pueda sentarse en silencio y donde no le molesten ni le distraigan. Si lo desea, puede usar un sahumerio primero en el lugar. También puede visualizar una luz blanca o una sensación cálida que limpia el espacio.
2. Cierre los ojos y medite, manteniendo su atención en la luz de la luna.
3. Cuando esté listo, escriba en un papel las cosas que quiere eliminar de su vida.
4. Lea lo que ha escrito en voz alta y, mientras lo hace, vea cómo la carga negativa que hay detrás de esas cosas se libera al universo (o sepa que ya está hecho si no puede visualizarlo).
5. Tome un cristal (obsidiana o turmalina negra) y sosténgalo en la mano izquierda. Permanezca en meditación, contemplando la energía positiva, hasta que se sienta seguro y pueda terminar la meditación.

Desterrar espíritus

Desterrar espíritus consiste en exorcizarlos de su espacio. A veces, durante su trabajo espiritual, algunos espíritus le desafían y se sienten como en casa, colándose por las grietas de su defensa. A veces, no están ahí como resultado de su trabajo, sino porque los ha enviado alguien que no tiene buenas intenciones. Sea de donde sea que procedan estos seres, lo cierto es que debe deshacerse de ellos cuanto antes. Esto es lo que tiene que hacer:

1. Límpiese.
2. Recorra su casa de arriba abajo y de atrás hacia delante, rociando agua salada o quemando salvia de una esquina a otra. Mientras lo hace, dígale en voz alta al espíritu: «No eres bienvenido aquí, y no fuiste invitado. Vete de inmediato y no vuelvas jamás». Debe hablar con firmeza y no tener miedo. Usted tiene el poder, porque algo está en su territorio y no debería estarlo.
3. A continuación, invoque a sus ancestros, a su ángel de la guarda o a cualquier otra fuerza positiva que desee que entre en su espacio. Dígales que se hagan cargo y destruyan cualquier energía negativa persistente en su espacio. Agradézcales por ayudarle.

Recuerde que no hay por qué tener miedo de interactuar con los espíritus. Asegúrese de seguir los procedimientos adecuados, actúe con precaución y prepárese para cualquier cosa.

Conclusión

¿Por qué es maravilloso comunicarse con los espíritus? Cada vez que pide algo a sus guías espirituales o habla con seres queridos fallecidos, se abre a la posibilidad de obtener increíbles dones, información y perspicacia. También puede conectar con su intuición y obtener una perspectiva adicional de su vida. Hablar con espíritus le permite acceder a reinos superiores de conciencia que pueden cambiar su vida para siempre.

Al comunicarse con los espíritus utilizando la información de este libro, notará una gran diferencia tanto en la viveza y claridad de sus sueños como en su capacidad de proyectarse a un reino superior de conciencia que trasciende el tiempo y el espacio. Esta es una meditación muy poderosa que puede usarse por sí sola o con cualquier otra práctica de desarrollo psíquico o comunicación con espíritus. También comenzará a experimentar muchas «coincidencias», que en realidad son sincronicidades. Su vida estará más alineada y las cosas comenzarán a fluir mucho más fácilmente para usted. Experimentará esto porque los humanos no somos solo físicos, sino también espirituales. Esto significa que el proceso de meditación y conexión con el reino espiritual conduce a la nutrición espiritual, para que viva una vida más equilibrada en este mundo y en el más allá.

Si alguna vez ha querido comunicarse con los espíritus y aún no ha encontrado comodidad al hacerlo, este libro le ayudará a alcanzarla. Se dice que hasta que no establece comunicación con sus espíritus y sus guías, solo está utilizando el 10 % de su potencial. Comunicarse con los espíritus le beneficiará enormemente en todos los aspectos de su vida al abrirle y permitirle crecer espiritualmente. Para ser un gran comunicador, debe dar el primer paso. Aquí es donde este libro le resulta útil. Le guía en la recepción de los increíbles dones que los espíritus tienen para usted. Cualquiera puede aprender a comunicarse con los espíritus si sabe cómo hacerlo y lo que implica.

Tristemente, la mayoría de las personas no hablan con sus seres queridos y espíritus. Fingen que no creen en nada que no implique un cuerpo o un cerebro, una vida después de la muerte, cuando comunicarse con el mundo de los espíritus es muy real. Puede tener conversaciones con ellos igual que con un amigo que todavía está vivo. La habilidad de comunicarse con los espíritus es un don que la gente no usa lo suficientemente a menudo, por desgracia. Lo único que debe hacer para convertirse en un comunicador exitoso es estar dispuesto y abierto. Cuando empiece, se sorprenderá increíblemente de que le haya llevado tanto tiempo abrirse al reino de los espíritus, y no querrá vivir de otra manera.

Su vida no solo tiene que ver con usted. También con todos los que le han precedido. Puede aprender mucho de quienes ya no están. La mayoría de las veces, le darán esta información por su propio bien. Comunicarse con un espíritu puede darle respuestas a preguntas que cambiarán para siempre su perspectiva de la vida. Hace falta valor para salir de la zona de comodidad, pero vale la pena si está abierto y dispuesto a aprender cosas nuevas.

Debería volver a leer este libro, tomando notas la segunda vez. Así se asegurará de estar preparado para el viaje que le espera. Los espíritus tienen mucho que compartir y entrar en su reino vale la pena. Pueden darle muchos regalos maravillosos, así que no se los pierda. Prepárese para la maravilla de la comunicación con los espíritus después de leer este libro.

Vea más libros escritos por Mari Silva

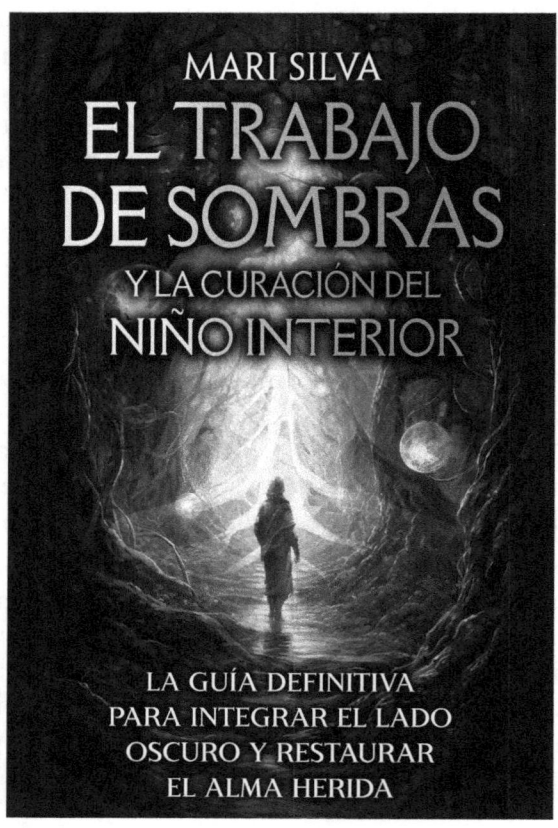

Su regalo gratuito

¡Gracias por descargar este libro! Si desea aprender más acerca de varios temas de espiritualidad, entonces únase a la comunidad de Mari Silva y obtenga el MP3 de meditación guiada para despertar su tercer ojo. Este MP3 de meditación guiada está diseñado para abrir y fortalecer el tercer ojo para que pueda experimentar un estado superior de conciencia.

https://livetolearn.lpages.co/mari-silva-third-eye-meditation-mp3-spanish/

¡O escanee el código QR!

Referencias

Aletheia. (2016, March 10). Scrying: How to practice the ancient art of second sight (with pictures). LonerWolf. https://lonerwolf.com/scrying/

Board of Directors. (2013, April 11). What is a medium? Eomega.org; Omega Institute. https://www.eomega.org/article/what-is-a-medium

Psychic mediums. (n.d.). Osu.edu. https://u.osu.edu/vanzandt/2018/03/08/psychic-mediums-2/

Smith, G. (2017). Mediumship: An introductory guide to developing spiritual awareness and intuition. Hay House UK.

Spiritualism and mediumship. (2019, August 29). Understanding Voices; Hearing the Voice. https://understandingvoices.com/exploring-voices/voices-and-spirituality/case-studies/spiritualism-and-mediumship/

Wahbeh, H., & Radin, D. (2018). People reporting experiences of mediumship have higher dissociation symptom scores than non-mediums but below thresholds for pathological dissociation. F1000Research, 6, 1416. https://doi.org/10.12688/f1000research.12019.3

Wigington, P. (2013, October 12). What Does Scrying Mean? Learn Religions. https://www.learnreligions.com/what-is-scrying-2561865

Anthony, M. (2015). Evidencia de la eternidad: Comunicándose con espíritus para la prueba de la vida después de la muerte. Llewellyn Worldwide.

Berkowitz, R. S., & Romaine, D. S. (2002). La guía completa para principiantes sobre cómo comunicarse con espíritus. Penguin.

bor Klaniczay, G. (Ed.). (2005). Comunicarse con los espíritus (Vol. 1). Central European University Press.

Buckland, R. (2005). El libro de los espíritus: La enciclopedia de la clarividencia, la canalización y la comunicación con los espíritus. Visible Ink Press.

Hunter, J. (2011). Hablando con los espíritus: Antropología e interpretación de la comunicación con espíritus. Journal of the Society for Psychical Research.

Leclere, A. (2005). Ver a los muertos, hablar con los espíritus: Curación chamánica a través del contacto con el mundo de los espíritus. Simon and Schuster.

Leonard, T. J. (2005). Hablando con el otro lado: Una historia del espiritismo moderno y los médiums: Un estudio desde la religión, la ciencia, la filosofía y la práctica médium que engloba esta religión americana. iUniverse.

McMullin, S. E. (2004). Anatomía de una sesión espiritista: Historia de la comunicación con los espíritus en Canadá central. McGill-Queen's Press-MQUP.

Hunter, J. (2010). Hablar con los espíritus: ¿Más que una realidad social? Paranormal Review.

Virtue, D. (1997). Terapia de ángeles: Masajes curativos para todas las áreas de su vida. Hay House, Inc.

Virtue, D. (2010). Arcángeles y maestros ascendidos. ReadHowYouWant. com.

Virtue, D. (2002). Ángeles de la tierra. Hay House, Inc.

Virtue, D. (1999). Curación con los ángeles. Hay House, Inc.

www.ingramcontent.com/pod-product-compliance
Lightning Source LLC
Chambersburg PA
CBHW072155200426
43209CB00052B/1268